W0417045

SV

Ding Ling
Das Tagebuch der Sophia

(Suofei nüshi de riji)

Mit einem Nachwort
von Wolfgang Kubin

Suhrkamp Verlag

Das Buch erschien erstmals 1928.
Aus dem Chinesischen übersetzt von dem Arbeitskreis
Moderne Chinesische Literatur am Ostasiatischen Seminar
der Freien Universität Berlin (Bernd Fischer,
Anna Gerstlacher, Johanna Graefe, Renate Krieg,
Wolfgang Kubin, Julia Lore Mollée, Eva Sternfeld).
Redaktion: Wolfgang Kubin, Jörg Michael Nerlich

1. Auflage dieser Ausgabe 1987
© Suhrkamp Verlag Frankfurt am Main 1980
Alle Rechte vorbehalten
Druck: Nomos Verlagsgesellschaft, Baden-Baden
Printed in Germany

Das Tagebuch der Sophia

24. Dezember

Heute geht wieder der Wind! Es ist noch nicht hell, aber sein Wehen hat mich wachgemacht. Der Zimmerbursche kommt wieder hereingelaufen, um den Ofen anzuzünden. Ich weiß, ich werde nicht mehr einschlafen können. Ich weiß aber auch, daß mir schwindelig wird, wenn ich nicht aufstehe. Liegt man unter einer Bettdecke, so hängt man nur allzu gern allen möglichen seltsamen Dingen nach. Der Arzt sagt, am besten sei es, viel zu schlafen, viel zu essen, keine Bücher zu lesen, an nichts zu denken. Doch das bringe ich nicht fertig. Nachts schlafe ich nie vor zwei, drei Uhr ein, und bevor es hell wird, bin ich schon wieder wach. An solch einem windigen Tag kommt man leicht auf viele beunruhigende Dinge. Nach draußen zu gehen und etwas zu unternehmen ist auch nicht möglich, wenn der Wind weht. Im Zimmer eingesperrt, ohne Buch, was soll man da schon tun? Stumpfsinnig dasitzen und darauf warten, daß die Zeit vergeht? Ich warte täglich, lasse die Tage verstreichen, wünsche nur, daß dieser Winter schnell vorübergeht. Sobald es wärmer ist, wird es mit meinem Husten bestimmt besser. Will ich dann in den Süden zurück, gehe ich eben in den Süden, und wenn ich auf die Schule will, dann

gehe ich eben auf die Schule. – Aber dieser Winter ist wirklich zu lang.
Die Sonne scheint auf das Papierfenster, und ich bin gerade dabei, zum dritten Mal Milch zu wärmen. Gestern wärmte ich viermal Milch. Auch wenn ich das oft tue, so heißt das nicht, daß ich sie trinken will. Es ist nur eine Möglichkeit, an einem windigen Tag die Niedergeschlagenheit zu verscheuchen und Kraft zu sammeln. Zumindest läßt sich damit eine Stunde vertun. Manchmal macht es allerdings noch gereizter. In der letzten Woche habe ich ganze sieben Tage dieses Spiel getrieben. Aber solange einem nichts Neues einfällt, was bleibt anderes übrig, als auf diese Weise geduldig wie eine Greisin die Zeit totzuschlagen?
Die Zeitung ist gekommen, also lese ich Zeitung. Der Reihe nach lese ich die Nachrichten aus dem Inland mit den großen Schlagzeilen, die ausländischen Nachrichten auf den ersten Seiten, dann die Lokalnachrichten ... Erziehung, Wirtschaft ... Schließlich mache ich mich nochmals daran, längst bekannte Anzeigen von gestern oder vorgestern durchzuschauen: Anzeigen von gemischten Schulen, die zur Aufnahmeprüfung aufrufen, Mitteilungen von gerichtlichen Schritten gegen die Auflösung von Familienvermögen, selbst Anzeigen für Salvarsan,

Aphrodisiakum, kosmetische Heilwasser, die Ankündigungen des Kaiming-Theaters, der Zhengguang-Lichtspiele ... alles Dinge, mit denen ich bestens vertraut bin. Endlich lege ich widerwillig die Zeitung weg. Natürlich kommt es manchmal auch vor, daß ich ein paar neue Anzeigen entdecke, aber das sind dann bloß Preissenkungen von Seidenwarenhandlungen, die ihr fünf- oder sechsjähriges Bestehen feiern, oder Todesanzeigen mit Entschuldigungen dafür, daß auf diesem Weg ein Trauerfall angezeigt wird und nicht jeder persönlich benachrichtigt wurde.

Nach der Zeitungslektüre fällt mir nichts ein, was ich noch tun könnte. So sitze ich allein am Ofen und bin wütend. Alles, was mich wütend macht, ist schon längst zur Gewohnheit geworden. Tag für Tag höre ich vor dem Fenster Stimmen auf dem Gang, Stimmen der Gäste, die nach dem Zimmerburschen rufen. Sobald ich sie höre, schmerzt mir der Kopf. Diese Stimmen sind grob, laut, heiser, monoton: »Zimmerbursche, der Wasserkessel!« Oder: »Das Wasser zum Hände- und Gesichtwaschen, Zimmerbursche!« Scheußliche Geräusche, wie man sich vorstellen kann. Dann noch im Parterre das Telefon, dort hängt auch unaufhörlich jemand mit lauter Stimme am Hörer. Doch wenn es

keine Geräusche gibt, überfällt mich leicht die Angst vor der Einsamkeit. Besonders die vier weißgetünchten Wände machen mir zu schaffen, sie halten in ihrer Kälte meinen Blick auf, ganz gleich, wo ich mich hinsetze. Fliehe ich aufs Bett und bleibe da liegen, dann drückt mich die weißgetünchte Zimmerdecke mit ihrer Schwere nieder. Was mir auch vor Augen kommt, alles ekelt mich an: der pockennarbige Zimmerbursche, das Essen, das nach Waschlappen schmeckt, der Sand, der sich nicht vom Fensterrahmen wegwischen läßt, der Spiegel auf dem Waschtisch – es ist ein Spiegel, der das Gesicht über einen Fuß in die Länge ziehen kann, und neigt man den Kopf ein wenig, dann ist das Gesicht so platt, daß man einen Schrekken bekommt. All dies kann wütend machen, wütend und nochmals wütend. Vielleicht bin nur ich so. Jedenfalls zöge ich einige neue Freudlosigkeiten und Unzufriedenheiten vor, doch von allem Neuen, egal ob gut oder schlecht, scheine ich unendlich weit entfernt zu sein.
Nach dem Mittagessen kommt Bruder Wei. Sobald ich das charakteristische Klappen seiner Lederschuhe vom Ende des Ganges her höre, fühlt sich mein Herz erleichtert, als komme mir in Atemnot ein Luftzug entgegen. Aber ich

vermag meine Erleichterung nicht zum Ausdruck zu bringen und sehe ihn nur schweigend an, wenn er eintritt. Er dagegen denkt, ich sei wieder bedrückt, und ruft immer wieder, indem er meine Hände fest in die seinen nimmt: »Liebe Freundin, liebe, liebe Freundin!« Und ich, ich fange natürlich an zu lachen. Ich weiß, worüber ich lache. In den zwei lebhaften Pupillen, die nur auf die untere Partie meiner Augen schauen, ist etwas versteckt, was er andere nicht wissen lassen will. Es ist nun schon so lange, Bruder Wei, daß du mich liebst! Aber hat er mich schon einmal zu packen versucht? Sicherlich, irgendwie schon – kann ich etwas dafür? Eine Frau muß eben so sein. Dabei bin ich die Zuverlässigkeit und Liebenswürdigkeit in Person. Ich glaube, jede Frau würde auf diese Weise ihr Spiel mit ihm treiben. Überdies habe ich wirklich Mitleid mit ihm, denke manchmal gar daran, zu ihm zu gehen und ihn anzuweisen: »Bruder Wei, kannst du nicht anders sein? So machst du mich nur unglücklich . . .« Ja, wenn Bruder Wei etwas klüger wäre, dann würde ich ihn lieber haben, aber er kann nicht anders, als in dieser offenen Art seine aufrichtigen Empfindungen zum Ausdruck zu bringen!

Als Bruder Wei sieht, daß ich lache, ist er zufrieden. Er springt zum Kopfende des Bettes hinüber, zieht seinen Mantel aus und nimmt auch noch seine große Fellmütze ab. Wenn er jetzt noch einmal seinen Kopf wenden und mich anschauen würde, müßte er doch die Freudlosigkeit in meinen Augen erkennen. Warum kann er für mich nicht etwas mehr Verständnis aufbringen?

Immer bin ich von dem Wunsche nach einem Menschen beseelt, der mich vollkommen versteht. Was sollen mir Liebe und Mitleid ohne Verständnis? Mein Vater, meine Schwestern und meine Freunde vermögen mich nur auf ihre blinde Art zu lieben. Aber was lieben sie eigentlich an mir? Lieben sie meinen Hochmut, lieben sie mein Temperament, lieben sie meine Tuberkulose? Manchmal werde ich darüber zornig und betrübt, aber sie machen dann nur noch mehr Zugeständnisse, lieben mich nur noch mehr. Ihr Trost ist so falsch, daß ich sie schlagen könnte. In solch einem Moment verlange ich zutiefst nach jemandem, der mich versteht. Selbst wenn er mich beschimpfte, wäre ich noch froh und stolz.

Wenn niemand nach mir schaut, empfinde ich Sehnsucht oder Haß. Habe ich jedoch Besuch, dann bringe ich den Betreffenden mitunter ohne jede Absicht in eine peinliche Lage. Das ist nun mal so. Um dagegen anzugehen, habe ich in letzter Zeit des öfteren Worte hinuntergeschluckt, die mir schon auf den Lippen waren. Ich hatte Angst, in meiner Unachtsamkeit wieder verletzend zu sein, obwohl meine Worte nur als Scherz gemeint gewesen wären. So läßt sich leicht nachempfinden, was ich in Gegenwart von Bruder Wei fühle. Aber wenn er aufsteht und sagt, er wolle gehen, kann es wiederum sein, daß die Furcht vor der Einsamkeit und der Stachel der Enttäuschung Haß in mir gegen ihn auslösen. Das weiß Bruder Wei seit langem schon, daher geht er nie vor zehn Uhr abends heim. Doch dabei mache ich mir selbst etwas vor. Auch für Bruder Wei ist ein Bleiben in Wahrheit ohne jeden Vorteil, ja schlimmer noch, es verstärkt mein Mitleid mit seiner hausbackenen Liebe und zeigt mir, wie leicht er zu handhaben ist.

28. Dezember

Heute habe ich Yufang und Yunlin ins Kino eingeladen. Yufang hat jedoch auch noch Jianru mitgebracht. Ich war so wütend, daß mir nach Weinen zumute war, statt dessen lachte ich laut auf. Wie tief mich Jianru in meiner Selbstachtung treffen kann! Da sie in ihrem Aussehen und Gehabe meiner besten Jugendfreundin ähnelt, habe ich ständig, ohne daß es mir bewußt war, um sie geworben. Sie hatte mich ja auch mit voller Absicht zu einer Annäherung ermutigt, aber später hat sie mich vor den Kopf gestoßen. Ganz gleich, an welchen Moment ich zurückdenke, ich hasse, was gewesen ist, hasse mein armseliges Tun, an dem nun nichts mehr zu ändern ist: in einer einzigen Woche habe ich ihr einmal acht lange Briefe geschrieben, aber sie hat niemals darauf reagiert. Was für ein Teufel mag Yufang geritten haben? Sie weiß ganz genau, daß ich schon längst nicht mehr das Vergangene zur Sprache bringen möchte. Dennoch hat sie Jianru in voller Absicht mitgebracht, als sei es ihr Plan gewesen, meinen Zorn heraufzubeschwören. Ich bin außer mir.

Mein Lachen: Yufang und Yunlin sind nicht imstande zu bemerken, daß es Ausdruck einer Katastrophe ist, aber Jianru, sie kann es fühlen.

Doch sie versteht zu schauspielern, versteht es, sich dumm zu stellen, sie spricht mit mir, als sei überhaupt gar nichts. Ich bin schon drauf und dran, ihr Böses zu sagen, aber ich lasse es nicht über die Lippen, eingedenk meiner mir selbstauferlegten Gebote. Und außerdem wäre, wenn ich es darauf ankommen ließe, zu befürchten, daß sie ihre Beherrschung verliert. Daher tue ich, als sei nichts geschehen, und gehe mit ihnen aus.

Als wir an den Zhengguang-Lichtspielen ankommen, ist es zwar immer noch früh, doch am Eingang treffen wir schon eine Schar junger Mädchen aus der Heimatprovinz. Ich verabscheue zutiefst dieses zur Gewohnheit gewordene Lächeln in ihren Gesichtern. Doch ich schere mich nicht weiter um die Mädchen, übertrage vielmehr meinen Zorn auf all die Leute, die sich den Film anschauen wollen. Als Yufang mit den Mädchen in ein hitziges Gespräch verwickelt ist, mache ich mir die günstige Gelegenheit zunutze: ich lasse meine Gäste einfach stehen und gehe, ohne ein Wort zu sagen, heim.

Von mir einmal abgesehen, hat niemand für mein Verhalten Verständnis. Wer immer mich kritisiert, hat keine Vorstellung von dem Leid, das andere mir zugefügt haben. Die Leute sagen, ich sei exzentrisch. Woher sollten sie auch

wissen, daß ich mich oftmals bewußt bei meinen Mitmenschen beliebt zu machen suche, sie verleiten möchte, mich gern zu haben? Meine Mitmenschen gehen kaum darauf ein, sie ermuntern mich nicht einmal zu solchen Worten, die offensichtlich wider meine Natur sind. Sie geben mir vielmehr immer wieder Gelegenheit, ja Anlaß, mein Verhalten zu überprüfen, wodurch ich mich noch mehr isoliere.
Die tiefe Stille der Nacht erfüllt die Pension. Ich liege lange auf dem Bett. Ein paar Dinge gehen mir in ganzer Klarheit durch den Kopf. Was könnte mir noch Schmerzen bereiten?

29. Dezember

In aller Frühe ruft mich Yufang an. Yufang ist ein guter Mensch, sie kann nicht lügen. Wahrscheinlich ist Jianru wirklich krank. Yufang sagt, sie sei meinetwegen krank geworden, ich müsse hingehen. Jianru werde mir alles erklären. Doch Yufang und Jianru sehen die Dinge falsch. Sophia ist nicht der Mensch, der gern anderer Leute Erklärungen anhört. Ich leugne grundsätzlich die Notwendigkeit von Erklärungen. Wenn Freunde sich verstehen, dann ist das gut, wenn sie nicht miteinander auskommen und sich gegenseitig wehtun, so steht auch dahinter eine aufrechte und reine Gesinnung. Ich denke, ich bin immer noch weitherzig genug. Niemals habe ich unverhältnismäßig Vergeltung geübt. Wenn schon Jianru meinetwegen krank geworden ist, freut mich das geradezu. Ich kann durchaus eine Nachricht vertragen, die besagt, daß ein anderer meinetwegen erkrankt ist. Überdies lindert Jianrus Krankheit den angestauten Schmerz, den mir die Scham bereitet.

Ich weiß wirklich nicht, wie ich mich selbst analysieren könnte. Manchmal überkommt mich wegen einer Wolke, die der Wind zerteilt, eine unbestimmte, unvorhersagbare Traurigkeit, dann wieder kann es geschehen, daß ich voller Genugtuung wie eine Wahnsinnige lache, wenn ein junger Mann über zwanzig (Bruder Wei ist tatsächlich vier Jahre älter als ich) Tränen auf meine Handflächen vergießt. Bruder Wei hat im östlichen Teil der Stadt eine Menge Briefpapier und Briefumschläge gekauft. Er ist damit zu mir gekommen und möchte sich mit mir die Zeit vertreiben. Da er vergnügt ist und lacht, fange ich mutwillig an, mein Spiel mit ihm zu treiben. Sobald ich sehe, daß er zu weinen beginnt, bin ich erst richtig froh und sage: »Bitte spar dir deine Tränen, du mußt nicht glauben, daß deine Freundin so schwach wie andere Frauen ist und Tränen nicht ertragen könnte ... Wenn du weiter weinen willst, dann geh bitte heim und weine dort, es widert mich an, Tränen zu sehen.«

Er geht freilich nicht, er sucht weder nach Erklärungen, noch ist er aufgebracht. Er sitzt lediglich gekrümmt auf einer Stuhlecke und vergießt auf seine einfältige stille Art so viele Tränen, daß ich mir gar nicht vorstellen kann, wo er sie hernimmt.

Natürlich tut mir das wohl, aber nun passiert es, daß ich mich zu schämen beginne. Wie eine Freundin fordere ich ihn auf, sich das Gesicht zu waschen, und fahre ihm über das Haar.

Noch mit Tränen in den Augen fängt er wieder an zu lachen.
Einen lauteren Menschen habe ich alle Grausamkeit, zu der mein Wesen fähig ist, spüren lassen, habe ihn gequält, wenn er aber gegangen ist, möchte ich ihn zurückholen, ihn nur um das eine bitten: »Ich bin mir meiner Fehler bewußt, bitte verliebe dich nie wieder in eine Frau, die nicht fähig ist, wahre Liebe anzunehmen!«

1. Januar

Ich weiß nicht, wie lebenslustige Leute Neujahr verbringen. Ich gebe nur ein Ei in die Milch. Es stammt von jenen, die Bruder Wei gestern mitgebracht hat. Insgesamt waren es zwanzig. Da ich mir gestern sieben Tee-Eier gemacht habe, sind noch dreizehn übrig, vermutlich reichen sie zwei Wochen. Vielleicht kommt Bruder Wei zur Mittagszeit. Dann besteht Aussicht auf zwei Dosen mit Leckereien. Ich hoffe wirklich, daß er kommt. Und da ich mit seinem Kommen rechne, bin ich, um vorbereitet zu sein, ins Danpailou gegangen und habe vier Schachteln Süßigkeiten, zwei Päckchen Snacks, einen Korb Mandarinen und Äpfel gekauft. Ich bin mir so sicher, daß heute nur er kommen kann. Aber nun habe ich bereits zu Mittag gegessen, und Bruder Wei ist immer noch nicht gekommen.

Ich habe fünf Briefe geschrieben und dafür das gute Papier und die guten Stifte benutzt, die mir Bruder Wei vor ein paar Tagen gekauft hat. Ich würde gern ein paar schöne Ansichtskarten bekommen, aber das ist aussichtslos. Selbst meine Schwestern, die für allerlei Freude empfänglich sind, vernachlässigen mir gegenüber ihre Pflicht. Keine Ansichtskarten zu bekommen, ginge noch an, – daß man mich vergessen hat,

macht mich wütend. Aber da ich selbst noch nie jemandem Neujahrsgrüße geschickt habe, muß es wohl so sein.
Das Abendessen nehme ich ebenfalls allein ein. Ich bin zutiefst deprimiert.
Am Abend jedoch kommen Yufang und Yunlin. Sie bringen noch einen jungen Mann mit, der auffallend groß ist. Ich denke, daß eigentlich nur sie glücklich sind: Yufang hat Yunlin, den sie liebt. Sie ist zufrieden, er ist auch zufrieden. Glück ist nicht, daß man eine Liebe hat, sondern daß zwei Menschen ohne größere Ansprüche sind, gemeinsam Dinge bereden und auf herkömmliche Weise die Tage verbringen. Natürlich gibt es auch Menschen, die diese Alltäglichkeiten geringschätzen, aber zu ihnen gehört nicht meine Yufang.
Yufang ist ein guter Mensch. Da sie Yunlin hat, »wünscht« sie »die Einheit aller Liebenden auf Erden«. Im vergangenen Jahr hat sie schon einmal für Mali die Vermittlerin bei einer Liebesheirat gespielt. Sie hofft auch, daß ich Bruder Wei liebgewinnen könnte. Deshalb fragt sie nach Bruder Wei, kaum daß sie da ist. Gemeinsam mit Yunlin und jenem auffallend großen jungen Mann ißt sie all die Sachen auf, die ich für Bruder Wei gekauft habe.
Dieser große Mann ist wirklich schön. Es ist das

erste Mal, daß ich ein Gefühl für männliche Schönheit entwickle, bisher habe ich noch nie darauf geachtet. Ich hatte immer gemeint, es mache das Wesen eines Mannes aus, sprechen zu können, einfühlsam und achtsam zu sein, sonst nichts. Erst seitdem ich heute diesen großen Mann gesehen habe, verstehe ich, daß Männer in anderer Form Modelle der Erhabenheit sind. Yunlin freilich wirkt stumpf und dumm neben ihm . . . Er kann einem wirklich leid tun. Aber selbst wenn er von dem Unglück wüßte, welch jämmerlichen Eindruck er neben diesem großen Mann macht, litte er überhaupt an seinen plumpen Blicken und seinem plumpen Verhalten? Was für Gefühle Yufang wohl hätte, wenn sie einen Vergleich beider Männer anstellen würde . . .?

Wie ließe sich die Schönheit dieses Fremden beschreiben? Fraglos genügten seine hohe Gestalt, sein weißes, helles Gesicht, seine dünnen Lippen, sein weiches Haar, um die Augen anderer zu blenden, doch in seinem Auftreten liegt noch etwas Unaussprechliches, Unbegreifbares, das das Herz erregt . . . Als ich ihn zum Beispiel nach seinem Namen frage, reicht er mir mit einer unerwarteten, uneiligen Geste seine Visitenkarte. Ich schaue zu ihm auf und sehe, ach, zwei rote, zarte, sich nach innen wendende

Lippen. Könnte ich nur irgend jemandem sagen, wie ich mit dem Verlangen eines Kindes nach Süßigkeiten auf diese beiden erregenden kleinen Dinger schaue? Doch ich weiß, in dieser Gesellschaft ist mir alles versagt, was mir die Befriedigung meiner Erregung, meiner Begierde brächte, auch wenn es zweifelsohne niemandem Schaden zufügen würde. So bleibt mir nichts anderes übrig, als mich zu bescheiden. Mit gesenktem Kopf, ohne ein Wort zu sagen, lese ich die Zeichen auf der Visitenkarte:

»Ling Jishi, Singapur . . .«

Ling Jishi, ja er ist imstande, völlig zwanglos zu plaudern und zu lachen, als befinde er sich bei einem sehr vertrauten Freund. Will er etwa sein Spiel mit mir treiben, weil ich so schüchtern bin? Um mit Gewalt seiner Verführung zu widerstehen, wage ich nicht, meinen Blick geradewegs zum Ofen hinübergehen zu lassen, denn dort in der geliebten Ecke steht er. Und ich schäme mich meiner zerfetzten Pantoffeln, für die ich noch nie ein Gefühl der Scham empfunden habe. Sie machen es mir unmöglich, vor den Tisch ins Lampenlicht zu treten. Langsam werde ich auf mich wütend. Warum bin ich nur so verkrampft, so hausbacken in meinen Antworten? Normalerweise verachte ich die Umgangsformen anderer Menschen. Doch wie steif, dumm und beschränkt bin ich selbst in meinem Verhalten! Ach, er hält mich sicherlich für ein Mädchen, das gerade vom Lande gekommen ist.

Yunlin und Yufang merken, wie steif ich bin, und meinen, daß ich diesen Fremden nicht mag. Sie fallen ihm oft ins Wort, nicht viel später sind sie mit ihm schon wieder fort. Soll ich ihnen für ihre gute Absicht dankbar sein? Während ich ihre Schatten, einen großen und zwei kleine, im Hof verschwinden sehe, spüre ich keinerlei Lust, wieder in mein Zimmer zurückzukehren, wo die Spuren jenes Mannes, seine Stimme, die Krümel des Kuchens, den er gerade mit den anderen gegessen hat, zurückgeblieben sind.

3. Januar

Die letzten beiden Nächte habe ich mit Husten verbracht. Zur Arznei habe ich keinerlei Vertrauen. Ist es nicht längst so, daß Arznei und Krankheit in überhaupt keiner Beziehung mehr zueinander stehen? Ich bin dieses Bitterwassers schon mehr als überdrüssig, aber nach wie vor nehme ich es regelmäßig ein. Denn wenn ich selbst die Arznei nicht mehr nähme, welche Hoffnung auf Besserung bliebe mir dann noch? Gott will, daß der Mensch das Leben geduldig erträgt, will ihm vor seinem Tode viele Bitternisse verschaffen, damit er sich die Angst vor dem Sterben erhält. Die Flüchtigkeit und Kürze meines Lebens lassen mich noch mehr nach dessen Schrecknissen streben. Ich habe keine Angst vor dem Sterben, ich bin nur immer von dem Gefühl besessen, noch nicht alles ausgekostet zu haben. In meinen Tag- und Nachtträumen wünsche ich mir, im Augenblick des Todes nichts bedauern zu müssen. Ich stelle mir vor, ich schliefe in dem Bett eines äußerst feudalen Zimmers. Meine Freundinnen knieten auf einer Bärenfelldecke, um für mich zu beten. Vater seufzte still zum Fenster hinaus. Ich läse eine Unzahl Briefe von Leuten, die mich liebten. Freunde vergössen im Gedenken an mich echte

Tränen ... Ich bedarf so sehr der Anteilnahme anderer und wünsche so viele Dinge für mich, die nicht im Bereich des Möglichen liegen. Doch was gewährt man mir schon? Wieder bin ich ganze zwei Tage allein in der Pension eingesperrt. Niemand kommt, nicht einmal ein Brief. Ich liege auf dem Bett und huste, ich sitze neben dem Ofen und huste; ich gehe vor den Tisch und huste auch dort. Noch immer spuken mir diese verhaßten Personen im Kopf herum ... einen Brief habe ich zwar erhalten, aber er hat nur meine Freudlosigkeit verstärkt. Er stammt von einem grobschlächtigen Kerl aus Anhui, der mir vor einem Jahr einmal auf die Nerven gegangen ist. Ich zerreiße den Brief, noch bevor ich ihn zu Ende gelesen habe. Daß seine Seiten aus nichts anderem bestehen als aus »Liebe, Liebe, ach meine Liebe«, läßt mich schaudern. Ich hasse loyale Gaben von Leuten, die ich nicht mag ...

Wie kann ich sagen, was meine wahren Bedürfnisse sind?

4. Januar

Alles läuft irgendwie verquer. Warum spiele ich mit dem Gedanken umzuziehen, und warum habe ich in einem Zustand von Verwirrtheit Yunlin hintergangen? Lügen scheint ein Teil meines Wesens zu sein, daher habe ich heute so mühelos lügen können. Wenn Yunlin wüßte, daß Sophia ihn auch zu hintergehen versteht, er wäre unbeschreiblich traurig. Sophia ist die kleine Schwester, die sie so lieben. Natürlich läßt es mir keine Ruhe, und jetzt tut es mir leid. Aber kann ich mich entscheiden? Soll ich umziehen oder soll ich nicht umziehen?
Ich muß mir selbst eingestehen: Du denkst an ihn, an jenen auffallend großen Mann! Ja, all die Tage und Nächte habe ich mich ständig und bewußt dieser Versuchung überlassen. Warum sucht er mich nicht einmal allein auf? Ihm sollte klar sein, daß er kein Recht hat, in mir Sehnsucht nach ihm wachzurufen. Er sollte zu mir kommen und mir sagen, daß er auch an mich denkt, dann erst hätte alles seine Richtigkeit. Doch wenn er käme – ich könnte seinen Liebesbeteuerungen nicht widerstehen. Und ich würde ihm auch sagen, wonach mein Herz verlangt. Doch er kommt nicht. Meine Tagträume scheinen die Wirklichkeit von Märchen zu haben, sie

bleiben wohl unschwer Hirngespinste. Sollte ich etwa ihn aufsuchen? Wenn sich eine Frau so leichtfertig verhält, kann dabei nichts Gutes herauskommen. Abgesehen davon will ich seine Achtung. Mir fällt einfach kein Ausweg ein. So bleibt mir nichts anderes übrig, als erst einmal zu Yunlin zu gehen, um die Lage zu erkunden. Nach dem Mittagessen mache ich mich trotz des Windes auf den Weg in die Oststadt.
Yunlin ist Student an der Hauptstadt-Universität. Sein Zimmer liegt in einem Haus in der Gasse der Jugend zwischen dem ersten und zweiten Institut der Universität. Glücklicherweise ist er daheim, und Yufang ist nicht da, als ich bei ihm ankomme. Natürlich ist Yunlin erstaunt, daß ich bei solch windigem Wetter das Haus verlassen habe. Ich sage ihm, ich sei auf dem Weg ins Deutsche Krankenhaus, wo ich mich untersuchen lassen will, so sei ich bei ihm vorbeigekommen. Er hat auch nicht die geringsten Zweifel und fragt mich nach meinem Zustand. Ich lenke das Gesprächsthema jedoch absichtlich auf gestern abend. Es bedarf keiner großen Anstrengung, um herauszufinden, daß der Mann, dem mein Interesse gilt, im vierten Wohnheim nahe dem zweiten Institut der Universität lebt. Dann fange ich wieder an zu seufzen. Lang und breit schildere ich, wie einsam

und trübsinnig das Leben in der Pension in der Weststadt ist. Ich lüge wieder und sage, mein einziger Wunsch sei, Yufang nahe zu sein (dabei weiß ich sehr wohl, daß Yufang schon Vorkehrungen getroffen hat, zu Yunlin zu ziehen). Ich fordere Yunlin auf, mit mir in der Nachbarschaft ein Zimmer zu suchen. Yunlin ist natürlich froh über diese Aufgabe und läßt sich gar nicht erst von irgendwelchen Zweifeln aufhalten.
Bei der Zimmersuche treffen wir zufällig mit Ling Jishi zusammen. Er begleitet uns. Ich bin glücklich, so glücklich, daß es mich mutig macht. Ich sehe ihn mehrere Male intensiv an, ohne daß er es bemerkt. Er erkundigt sich nach meiner Krankheit. Ich sage, ich sei nun wieder gesund, aber er lacht, als glaube er es nicht.
Ich habe mir ein kleines niedriges Zimmer angeschaut, in dem sich schon der Schimmel bildet. Es befindet sich in der Dayuan-Pension, in der unmittelbaren Nachbarschaft von Yunlin. Ling Jishi und Yunlin meinen, es sei viel zu feucht, aber ich bestehe darauf, dort einzuziehen. Die Gründe: ich sei meiner bisherigen Wohnung überdrüssig, und ich möchte unbedingt in der Nähe von Yufang sein. So kann Yunlin nur seine Zustimmung geben. Wir vereinbaren, daß er morgen in aller Frühe mit Yufang herkommt, um mir zu helfen.

Da keiner Anstalten macht, sich von mir zu verabschieden, gehe ich noch mit zu Yunlin nach Hause. Meinen Mut nehme ich zusammen, lache und plaudere. Alles, auch das Unscheinbarste an diesem Mann, unterziehe ich einer Prüfung. Ich spüre das Bedürfnis, auf alles meine Lippen zu drücken. Merkt er denn gar nicht, daß ich ihn von oben bis unten betrachte und abschätze? Später lasse ich verlauten, daß ich ihn um Nachhilfe im Englischen bitten möchte. Yunlin lacht, aber der andere wird daraufhin verlegen. Peinlich berührt murmelt er eine Antwort. Er kann kein schlechter Kerl sein, sage ich mir, wenn er noch in der Lage ist zu erröten. Meine Leidenschaft wächst. Aber ich will nicht, daß andere ein zu leichtes Spiel mit mir haben, darum reiße ich mich zusammen und gehe früh heim.
Sowie ich nun genauere Überlegungen anstelle, kommt mir die Befürchtung, daß meine Zügellosigkeit mich weiter in die Enge treiben wird. Laß mich noch eine Weile in diesem Zimmer mit seinem westlichen Ofen bleiben! Habe ich mich etwa in den Mann aus Singapur verliebt? Ich kenne ihn doch überhaupt nicht. Seine Lippen, Augenbrauenspitzen, seine Augenwinkel, Fingerspitzen ... das sind alles Dinge, die man unbewußt wahrnimmt, nach denen man kein

Verlangen verspüren sollte. Ich bin besessen, komme nicht los davon. Ich werde nicht umziehen. Ich will mich ganz meiner Krankheit widmen.

Ich habe mich entschieden. Ich bereue, bereue all die Fehler, die ich am hellichten Tage begangen habe, all die Dinge, welche eine ernsthafte Frau nicht tun sollte.

6. Januar

Alle wundern sich über mich, wenn sie hören, daß ich umgezogen bin. Jingying aus dem südlichen Teil der Stadt und Jiangzhou aus dem westlichen Teil der Stadt suchen mich in diesem niedrigen, feuchten Zimmerchen auf. Ich lache, wälze mich auf dem Bett, und wenn sie sagen, ich sei noch kindischer geworden, breche ich in ein um so größeres Gelächter aus. Am liebsten würde ich ihnen sagen, was ich wirklich will. Am Nachmittag kommt auch Bruder Wei. Er ist am allerunglücklichsten über meinen Umzug. Ich habe mit ihm ja überhaupt nicht über den Wohnungswechsel gesprochen, außerdem bin ich nun noch weiter fort von ihm. Als er Yunlin erblickt, zeigt er keinerlei Reaktion. Yunlin versteht nicht, warum er böse ist und schaut ihn an. Aber sein Gesicht erstarrt noch mehr. Ich finde das komisch und sage zu mir: Wie schade, man hat ihm Unrecht getan, diesem guten Menschen!

Yufang spricht mit mir nicht mehr über Jianru. Sie hat sich entschieden, in zwei bis drei Tagen zu Yunlin zu ziehen. Sie meint nämlich, mich hier nicht allein wohnen lassen zu können, da ich ihr doch nahe sein möchte. Sie und Yunlin sind viel herzlicher zu mir als früher.

10. Januar

Ich sehe Ling Jishi nun täglich, aber nie wechsle ich mit ihm mehr als ein paar Sätze, und schon gar nicht bringe ich als erste das Gespräch auf die Nachhilfe im Englischen. Es amüsiert mich, daß er an einem Tag zweimal zu Yunlin rennt. Er kann in der Vergangenheit mit Yunlin gar nicht so vertraut gewesen sein. Nicht einmal habe ich ihn zu mir gebeten. Zwar fragte er mehrfach nach dem Umzug, aber ich tat so, als verstünde ich nicht und antwortete nur mit einem Lachen. All meine Kraft konzentriere ich auf diese Angelegenheit, hier will ich sie nutzen, als hätte ich einen Kampf durchzustehen. Ich will etwas von ihm, aber ich will es mir nicht selber holen. Ich muß ihn dahin bringen, es mir von sich aus anzubieten. Ja, ich weiß, was ich bin, ich bin nur eine Frau, eine typische Frau. Eine Frau richtet all ihr Sinnen auf den Mann, den sie erobern will. Ich will ihn besitzen, ich will, daß er bedingungslos sein Herz anbietet, vor mir niederkniet und mich anfleht, ihm einen Kuß zu schenken. Ich bin ganz einfach verrückt, immer wieder denke ich nur an die Schritte, die ich zu unternehmen habe. Ich bin ganz einfach verrückt!

Yufang und Yunlin bemerken meine Leidenschaft nicht. Sie meinen nur, daß ich bald gesund sein werde. Sie sollen auch gar nicht Bescheid wissen. Es geht mir besser, sage ich ihnen und versuche, glücklich zu wirken.

12. Januar

Kaum daß Yufang eingezogen ist, zieht Yunlin schon wieder aus. Ist es wirklich möglich, daß es auf dieser Welt zwei Menschen gibt, die nur deswegen nicht zusammen wohnen wollen, weil sie Angst haben, Kinder zu bekommen? Vermutlich wagen sie nicht einmal, sich selbst einzugestehen, daß sich noch etwas anderes ereignen kann, wenn zwei umarmt im Bett liegen. So bleibt ihnen nichts anderes übrig, als Vorsorge zu treffen und ihren Körpern keine Möglichkeit der Berührung zu geben. Dabei sind Umarmungen und Küsse in einem Raum, selbst wenn sonst niemand zugegen ist, natürlich völlig gefahrlos. Und so fallen diese Dinge, geht man diskret zu Werke, auch nicht unter Verbot. Ich kann sie nur auslachen. Diese Asketen! Warum verspüren sie nicht das Bedürfnis, ihre nackten Körper zu umarmen? Warum unterdrücken sie diesen Ausdruck der Liebe? Wie können überhaupt zwei Menschen, bevor sie zusammen unter einer Decke schlafen, Dinge in Erwägung ziehen, die gar keiner Beunruhigung wert sind? Ich glaube nicht, daß die Liebe so sehr eine Sache der Vernunft oder der Wissenschaft ist.

Die beiden nehmen es mir nicht übel, daß ich mich über sie lustig mache. Sie sind sogar stolz auf ihre Unschuld und lachen über meinen kindlichen Zorn. Ich verstehe sie ja, aber dennoch kommt es mir kurios vor, was es doch so alles gibt.

Heute abend bin ich in Yunlins Wohnung (jetzt eigentlich Yufangs Wohnung), wo wir uns eine Gespenstergeschichte nach der anderen erzählen. Erst um zehn Uhr kehre ich nach Hause zurück.

Als ich noch klein war, habe ich mir oft Gespenstergeschichten angehört. Ich saß dann bei der Tante auf dem Schoß, während der Onkel aus den ›Merkwürdigen Begebenheiten des Liao-Studios‹* vortrug. Besonders nachts hörte ich sie gern. Von meiner Angst durfte ich niemandem etwas sagen. Denn wenn ich gesagt hätte, daß ich Angst habe, so hätte ich die Geschichte mit Sicherheit nicht zu Ende hören können; der Onkel wäre dann im Studierzimmer verschwunden, und die kleinen Kinder hätten nicht aufbleiben dürfen. Als ich in die Schule kam, brachten mir die Lehrer Grundkenntnisse in den Wissenschaften bei. Aus Vertrauen zu unserem Lehrer Zhou mit dem Spitznamen Pockenfresse schenkte ich sogar Büchern Glauben. Von da an fürchtete ich mich nicht mehr vor Gespenstern. Jetzt, da ich erwachsen

* Berühmte Novellensammlung von Pu Songling (1640-1715)

bin, streite ich die Existenz von Gespenstern ab. Aber trotz dieser Überzeugung bekomme ich bei Gespenstergeschichten noch eine Gänsehaut. Und so versuche ich jedesmal, wenn das Gespräch auf Gespenstergeschichten kommt, von diesem Thema abzulenken, – aus Angst, mich würden nachts allein unter meiner Decke wieder die Gedanken an den Tod meines Onkels und meiner Tante quälen.
Auf dem Heimweg überkommt mich in einer dunklen Gasse Furcht. Ich bin darauf gefaßt, daß in dieser Ecke ein großes gelbes Gesicht erscheint oder eine haarige Hand sich dort aus dem Winkel der Gasse mir entgegenstreckt. Aber sehe ich neben mir diesen auffallend großen Burschen (Ling Jishi), meinen Leibwächter und Vertrauten, so kann ich, wenn Yufang mich fragt, nur antworten: »Ich habe keine Angst«.
Yunlin hat sich ebenfalls mit uns auf den Heimweg gemacht. Er kehrt in sein neues Zimmer zurück. Während ihn sein Weg nach Süden führt, wenden wir uns nach Norden. Nach drei, vier Schritten verliert sich der Klang seiner Gummiabsätze auf dem Asphalt.
Mein Begleiter streckt seinen Arm aus und umfaßt mein Hüfte.
»Sophia, du hast bestimmt Angst.«
Ich versuche, mich frei zu machen, – vergebens.

Mein Kopf ruht an seinem Arm. Wie das wohl bei Licht aussehen würde: mein Kopf eingeklemmt unter dem Arm eines um Haupteslänge größeren Menschen.
Ich ducke mich und entschlüpfe ihm. Er läßt seine Hand fahren. Während ich an die Haustür klopfe, steht er bei mir.
In der Gasse ist es zwar äußerst dunkel, aber ich kann deutlich erkennen, daß seine Augen irgend etwas fixieren. Mein Herz schlägt ein wenig, als ich darauf warte, daß die Tür geöffnet wird.
»Sophia, du hast Angst.«
Das Geräusch des Türriegels ist bereits zu hören. Es ist der Diener, der wissen will, wer da sei. Ich sage zu meinem Begleiter:
»Auf . . .«
Er ergreift wild meine Hand. Mir versagt die Kraft, ich kann nicht weitersprechen.
Erstaunen zeichnet sich im Gesichtsausdruck des Dieners ab, als er hinter mir einen großen Mann sieht.
Nun, da wir beide allein im Zimmer sind, ist all mein Mut mit einem Mal wie weggeblasen. Ich würde gerne etwas Höfliches sagen, – es will mir nicht von den Lippen. Ich sage nur: »Bitte, setz dich!« Dann gehe ich, mir das Gesicht waschen.
Die Gespenster sind mir längst aus dem Sinn.

»Sophia, hast du immer noch Lust, Englisch zu lernen?« fragt er unvermittelt.
Das ist seine Art, sich mir zu nähern: er bringt das Thema Englisch zur Sprache. Selbstverständlich ist er wenig geneigt, mir allzu bereitwillig seine Zeit für Nachhilfestunden zu opfern. Wie könnte er das vor einer 19jährigen Frau leugnen? Ich lache (aber nur innerlich) und sage:
»Zu dumm, ich fürchte, daß ich nicht begabt genug bin und mich blamiere.«
Er gibt keine Antwort, sondern greift sich ein Foto von meinem Tisch und spielt damit herum. Auf dem Foto ist die gerade ein Jahr alt gewordene Tochter meiner Schwester zu sehen. Ich wasche mein Gesicht und setze mich an das andere Ende des Tisches.
Er schaut erst mich an, danach das kleine Mädchen, dann wieder mich. Ja, dieses kleine Mädchen sieht mir sehr ähnlich. Ich frage ihn:
»Du amüsierst dich? Sag, sieht es mir ähnlich?«
»Wer ist sie?« Sein Tonfall verrät, daß es ihm ernst ist.
»Sag, gefällt sie dir?«
Ihn interessiert nur die Frage, wer sie ist.
Plötzlich verstehe ich seine Gedanken. Mir steht der Sinn nach einer Lüge.

»Es ist mein Kind.« Ich nehme ihm das Foto ab und küsse es.
Er glaubt mir, doch ich habe ihn zum Narren gehalten. Eine tiefe Befriedigung erfüllt mein Herz.
Sein Charme und seine Attraktivität verlieren nun an Wirkung. Wie könnte ich mich sonst, als er ein natürliches Staunen über meine Antwort an den Tag legt, der Faszination seiner Augen und Lippen entziehen? Diese Befriedigung wird mit Sicherheit meine Leidenschaft abkühlen.
Aber als er geht, mache ich mir Vorwürfe. Bringe ich mich nicht offensichtlich selbst um manche Chance? Ich brauchte ihm ja nur, wenn er mir die Hand drückt, mit meinen Blicken zu verstehen geben, daß er keinesfalls abgewiesen würde; dann faßte er sich sicherlich ein Herz. Und solange ich ihn nicht verabscheue, birgt eine solche Beherztheit im Umgang zwischen Mann und Frau die Möglichkeit zur Freude in sich, zu einer Freude, bei der sich die Körper aufzuheben scheinen. Warum bin ich nur so hart und unerbittlich zu ihm? Aus welchem Grund bin ich denn überhaupt in dieses verlotterte Zimmer gezogen?

15. Januar

Jetzt fühle ich mich nicht mehr einsam. Den Tag verbringe ich in der Nachbarschaft, den Abend im Gespräch mit meinem neuen Freund. Um meine Gesundheit ist es jedoch immer schlechter bestellt. Das kann mich wirklich zur Verzweiflung treiben. Alle meine Wünsche scheinen sinnlos. Nun bin ich wohl gar verliebt. – Wie lächerlich doch alles ist, aber beim Gedanken an den Tod überkommt mich Trauer. Jedesmal, wenn ich den Gesichtsausdruck von Dr. K. betrachte, denke ich: Ja, ich weiß es. Sag es doch, es bleibt mir keine Hoffnung mehr! Aber statt zu weinen, setze ich ein Lächeln auf. Wer kann die Zahl der Tränen ermessen, die ich in der Tiefe der Nacht vergieße!

Ling Jishi läßt sich mehrere Abende nacheinander bei mir blicken. Den anderen sagt er, daß er mir Nachhilfe im Englischen erteile. Auf Yunlins Fragen reagiere ich jedoch mit Schweigen. Lege ich Ling Jishi abends das Buch »Poor People« vor, dann beginnt er tatsächlich mit dem Unterrichten. So habe ich keine andere Wahl, als das Buch wieder beiseite zu tun: »Sag den anderen nicht mehr, daß du mir Nachhilfe im Englischen gibst. Ich bin krank, es wird dir niemand glauben.« Er beeilt sich mit seiner

Antwort: »Sophia, soll ich warten, bis du wieder gesund bist, und dich dann weiter unterrichten? Sophia, wir machen es ganz so, wie du magst.«
Mein neuer Freund scheint der geborene Liebhaber, aber ich weiß nicht, warum ich es müde bin, dieser Tatsache Aufmerksamkeit zu schenken. Jeden Abend sehe ich ihn bedrückt fortgehen, und stets empfinde ich Mitleid mit ihm. Wenn er dann seinen Regenmantel anzieht, drängt es mich zu sagen: »Entschuldige, ich bin krank!« Er mißversteht mich und meint, es sei Rücksichtnahme. »Was ist schon an der Krankheit dran, ich habe keine Angst, mich anzustekken.« Später, sobald ich genauer darüber nachdenke, spüre ich, daß sich hinter seinen Worten noch etwas anderes verbergen könnte. Ich wage wirklich nicht zu entscheiden, ob ein Mensch so einfach ist, wie man ihn sich vorstellt.

16. Januar

Heute habe ich von Schwester Yun aus Shanghai einen Brief bekommen, der mich deprimiert. Wie kann ich noch Worte finden, sie zu trösten? Sie sagt in ihrem Brief: »Mein Leben und meine Liebe haben für mich ihren Sinn verloren . . .« Was helfen da mein Trost und meine Tränen! Ach! Ihrem Brief kann ich entnehmen, daß sie die Zeit seit ihrer Heirat meint, obwohl sie noch nicht bereit ist, die Dinge beim Namen zu nennen. Warum hält Gott die Liebenden zum Narren? Schwester Yun ist ein äußerst sensibler und gefühlvoller Mensch. Sie verabscheut die schleichende Gleichgültigkeit in ihrem Leben und die schon nicht mehr zu verbergende Falschheit der Gefühle . . . Wie schön wäre es, wenn Schwester Yun nach Peking käme, aber ob das gehen würde?

Als Bruder Wei kommt, gebe ich ihm den Brief von Schwester Yun zu lesen: Es wird ihm schwer ums Herz, weil der Mann, dem Schwester Yun die Leere in ihrem Leben verdankt, unglücklicherweise sein Bruder ist. Ich berichte ihm von meinen neuen Einsichten in die *Lebensphilosophie,* woraufhin er wieder in Tränen ausbricht, seine einzige Begabung. Ich beobachte ganz gelassen, wie seine Augen rot werden, wie er sie mit der Hand trockenwischt. Und während er dies tut, gieße ich weiter Öl ins Feuer. Es ist mir bisher noch kaum bewußt geworden, daß seine Aufrichtigkeit in dieser Welt ihresgleichen sucht. Kurz darauf schleiche ich mich allein davon.

Um allen Bekannten aus dem Wege zu gehen, kehre ich erst spät in der Nacht aus dem verlassenen Park zurück. Ich weiß nicht, wie ich die Zeit zugebracht habe, ich denke nur: »Wie sinnlos das alles ist! Es wäre besser, früh zu sterben! . . .«

17. Januar

Ich denke: vielleicht bin ich verrückt. Und sollte ich tatsächlich verrückt sein, so ist es mir auch recht. Dann empfindet man wenigstens nicht mehr die Last des Lebens ...

Heute habe ich wieder begonnen, tüchtig Wein zu trinken. Für ganze sechs Monate ist mir der Genuß von Alkohol wegen meiner Krankheit untersagt worden. Das Blut, das ich spucke, ist eindeutig röter als der Wein. Aber mein Herz scheint von anderen Dingen beherrscht. Vielleicht bringt mir dieser Wein heute abend den Tod. Ich will vergessen, nicht mehr an all jene vertrackten Dinge denken müssen ...

18. Januar

Jetzt liege ich noch in meinem Bett, aber bald werde ich von dieser Wohnung Abschied nehmen. Vielleicht ist es ein Abschied für immer. Wird mir das Glück, dieses Kopfkissen und diese Steppdecke zu benutzen, noch einmal zuteil werden? ... Yufang, Yunlin, Bruder Wei und Jinxia, sie alle sitzen schweigend um mich herum und warten voller Unruhe auf die Morgendämmerung, um mich ins Krankenhaus zu bringen. Ihr melancholisches Flüstern hat mich wach gemacht. Ich mag nicht reden, sondern lasse mir den gestrigen Vormittag noch einmal durch den Kopf gehen. Der Geruch von Wein und Blut, der noch im Zimmer liegt, bringt die Schmerzen wieder ins Bewußtsein und läßt mich in Tränen ausbrechen. Ihre Schweigsamkeit und die traurigen düsteren Mienen erscheinen mir als Vorboten des Todes. Angenommen, ich fiele in einen langen Schlaf und wachte nicht wieder auf, würden sie dann auch meinen erstarrten Körper so schweigsam umstehen? Sie merken, daß ich wach bin, kommen näher und stellen mir Fragen. In diesem Moment spüre ich das Furchtbare des Todes und seines Abschieds. Ich berühre sie mit der Hand und blicke jedem einzelnen von ihnen aufmerksam ins Gesicht, als ob ich die Erinnerung an diese Gesichter für immer behalten wollte. Ihre Tränen fallen auf meine Hände, muß ich sie denn für immer verlassen und in das Land des Todes eingehen? Bruder Wei weint so sehr, daß sein Gesicht zur Fratze wird. ›Ach, Freunde, muntert mich doch ein wenig auf‹, denke ich und beginne zu lächeln. Ich bitte sie, mir meine Sachen in Ordnung zu bringen. Sie ziehen unter dem Bett einen großen Koffer hervor, in dem sich ein paar in geblümte Taschentücher eingeschlagene Bündel befinden. »Ich will sie mit in das Xiehe-Krankenhaus nehmen«, erkläre ich ihnen. Sie überreichen mir die Bündel, und ich lasse sie einen Blick hinein werfen: sie sind voll mit Briefen. »Eure sind auch dabei«, lächle ich sie an. Erst jetzt scheinen sie ein wenig froher gestimmt. Bruder Wei beeilt sich, mir ein Fotoalbum aus der Schublade zu geben, das ich mitnehmen soll. Ich muß noch mehr lächeln, denn darinnen sind sieben oder acht Porträts von ihm. Er darf meine Hände küssen und an seinem Gesicht reiben. Als endlich dieser Raum den Anschein eines Sterbezimmers verliert, zeigt sich auch am Himmel langsam das Morgengrauen. Man ist mit Aufräumen beschäftigt und sucht voller Eile Rikschas aufzutreiben. Nun beginnt mein Krankenhausleben.

4. März

Es ist zwanzig Tage her, daß ich das Telegramm mit der Nachricht vom Tode Schwester Yuns bekommen habe. Doch meine Krankheit ließ mich von Tag zu Tag mehr hoffen; am 1. konnten mich dieselben, die mich ins Krankenhaus begleitet hatten, wieder in meine Wohnung zurückbringen, die sie zuvor gesäubert hatten. Aus Angst, ich könnte frieren, haben sie mir eigens einen kleinen Ofen organisiert. Ich weiß wirklich nicht, wie ich meine Dankbarkeit zum Ausdruck bringen soll, besonders gegenüber Yufang und Bruder Wei. Jin und Zhou sind wieder bei mir gewesen und erst nach zwei Nächten gegangen. Sie sind meine Krankenpfleger. Ich verbringe jeden Tag im Bett. Es ist so bequem, als wohnte ich nicht in einer Pension, sondern daheim. Yufang will noch ein paar Tage bei mir bleiben und warten, bis das Wetter wärmer ist, um für mich eine Wohnung in den Westbergen zu suchen, wo ich meine Krankheit auskurieren kann. Auch ich wünsche sehnlichst, Peking verlassen zu können. Dieser abscheuliche März. Es ist immer noch so kalt! Yufang besteht jedoch darauf, daß ich einstweilen hier bleibe, was ich nicht gut zurückweisen kann. Daher habe ich das kleine Bett, das vor zwei

Tagen für Jin und Zhou aufgestellt worden war, nicht wieder entfernen lassen.
Der Aufenthalt im Krankenhaus hat mein Herz geheilt. Das habe ich nur der Fürsorge meiner Freunde zu verdanken, die in mir wieder ein Gefühl menschlicher Wärme entstehen ließ. Das Universum – habe ich das Gefühl – ist doch noch voller Liebe! Insbesondere Ling Jishis Krankenbesuche machten mich stolz. Eigentlich sollte nur ein Mann mit seiner Ausstrahlung eine kranke Freundin im Krankenhaus besuchen. Der Neid der Krankenschwestern war mir mehr als verständlich. Eines Tages fragte mich die schöne Miss Yang:
»In welcher Beziehung steht dieser große Mann zu dir?«
»Ein Freund!« – Ich gehe über die Unhöflichkeit ihrer Frage hinweg.
»Kommt er aus derselben Gegend wie du?«
»Nein, er ist Auslandschinese aus Südostasien.«
»Ist er ein Studienkamerad?«
»Nein, auch nicht.«
Darauf lacht sie anzüglich: »Also doch bloß ein Freund?«
Selbstverständlich hatte ich es keineswegs nötig, rot zu werden, außerdem hätte ich ihre Fragen zurückweisen können, aber trotzdem schämte ich mich. Als sie bemerkte, daß ich vor Verle-

genheit die Augen schloß und so tat, als wollte ich schlafen, ging sie zufrieden grinsend davon. Ich war noch eine ganz Weile auf sie wütend. Um weiteren lästigen Fragen aus dem Wege zu gehen, log ich. Als zum Beispiel jemand nach Bruder Wei fragte, sagte ich, er sei mein älterer Bruder. Oder im Falle von Zhous bestem Freund etwa behauptete ich, er stamme aus meiner Heimatprovinz oder er sei ein Verwandter.

Als Yufang zum Unterricht geht, bleibe ich allein im Zimmer zurück. Ich mache mich daran, die Briefe durchzusehen, die ich in den letzten Wochen erhalten habe. Zu wissen, daß es noch so viele Menschen gibt, die an mich denken, macht mich glücklich und zufrieden. Ich brauche das ganz einfach, und je mehr an mich denken, um so besser. Vater, das muß nicht eigens gesagt werden, hat mir wieder ein Foto von sich geschickt; sein Haar scheint weißer geworden zu sein, sonst aber sieht er aus wie immer. Den Schwestern geht es gut. Leider haben sie keine Zeit, mir zu schreiben, weil sie mit ihren Kindern sehr beschäftigt sind.

Ich bin mit den Briefen noch nicht fertig, da ist Ling Jishi schon wieder da. Ich will aufstehen, aber er hält mich zurück. Als er meine Hand faßt, möchte ich vor Glück weinen. Ich sage:

»Hast du gedacht, ich würde noch einmal zurückkommen?«
Er schaut hinüber zum kleinen Laden auf der anderen Straßenseite. Er wirkt nicht gerade glücklich. Daraufhin erzähle ich ihm, daß Jin und Zhou schon fort sind, und zwar Yufangs wegen, die ich jeden Moment erwarte.
Als er dies hört, erklärt er mir, er wolle diesen Abend nicht wiederkommen, er habe Angst, daß Yufang ihn verabscheue. Nun bin ich aber obenauf: »Und daß ich dich verabscheuen könnte, davor hast du wohl keine Angst?«
Er setzt sich ans Bettende und erzählt in aller Ausführlichkeit, was er diesen Monat erlebt hat und wie er mit Yunlin in Streit geraten sei, weil er meiner frühzeitigen Entlassung aus dem Krankenhaus zugestimmt habe. Yunlin habe dagegen darauf bestanden, daß ich nicht entlassen werden könnte. Yufang sei ebenfalls dieser Meinung gewesen. Ling Jishi habe bald eingesehen, daß er mich viel zu kurz kannte, um sich durchzusetzen. Deshalb sei ihm später die Angelegenheit gleichgültig geworden, und wenn er im Krankenhaus Yunlin begegnete, habe er als erster kehrtgemacht.
Ich verstehe, was ihn bewegt, aber ich verstelle mich: »Wie sprichst du von Yunlin. Ohne ihn wäre ich noch nicht aus dem Krankenhaus ent-

lassen worden. Dabei wohne ich hier wirklich viel bequemer.« Ohne auf mich einzugehen, wendet er sich schweigend ab.
Da er damit rechnet, daß Yufang bald kommt, macht er sich auf den Weg und flüstert mir noch zu, daß er morgen wiederkomme. Tatsächlich kehrt Yufang schon bald zurück. Sie stellt keine Fragen, und ich erzähle ihr auch nichts. Sie mag auch wegen meiner Krankheit nicht viel mit mir reden, denn sie fürchtet, es strengt mich zu sehr an. So habe ich denn wieder meine Freude an unwichtigen Dingen, die mir durch den Kopf gehen.

6. März

Nachdem Yufang zum Unterricht gegangen ist, bleibe ich allein im Zimmer zurück und beginne, über die seltsamen Dinge zwischen Mann und Frau nachzudenken. Tatsächlich – ohne aufschneiden zu wollen – habe ich in dieser Hinsicht mehr Erfahrungen als meine Freunde. Aber in letzter Zeit verstehe ich gar nichts mehr. Stehe ich dem wahrhaft stattlichen Ling Jishi gegenüber, beginnt mein Herz zu springen. Ich bin schüchtern und ängstlich. Er dagegen sitzt gelassen da und erzählt wie selbstverständlich von seinem bisherigen Leben. Manchmal hält er dabei meine Hand. Dies alles mag ganz natürlich sein, aber meine Hand kann, umfaßt von der seinen, nicht ruhig bleiben und beginnt zu fiebern. Richtet er sich auf, um fortzugehen, gerät mein Herz unwillkürlich in Verwirrung. Es ist, als erfaßte mich eine schreckliche Unruhe. Schaue ich ihn dann an, so weiß ich selbst nicht, ob mein Blick eher um Mitleid fleht oder von Haß erfüllt ist. Er jedoch ignoriert meinen Blick, und wenn er ihn gelegentlich doch versteht, sagt er nur: »Yufang ist gleich da!« Was soll ich dazu sagen? Er hat Angst vor Yufang! Natürlich gab es auch bei mir eine Zeit, in der ich anderen keinen Einblick in mein unorthodoxes Wesen gewähren wollte, aber seit kurzem sehne ich mich nach jemandem, der meine Gefühle versteht. Ein paar Mal habe ich Yufang gegenüber Andeutungen gemacht, doch bis jetzt hat sie immer brav meine Bettdecke über mich gelegt und ihre Aufmerksamkeit der Medizin geschenkt. Das macht mir wirklich zu schaffen.

8. März

Yufang hat ihre Sachen genommen und ist heimgegangen. Nun will Bruder Wei ihre Aufgabe als Krankenschwester übernehmen. Mit Bruder Wei wäre es bestimmt besser als mit Yufang. Hätte ich z. B. abends Lust, Tee zu trinken, dann brauchte ich mich nicht unter die Bettdecke zu verkriechen, weil ich neben mir ein tiefes Schnarchen höre und niemanden belästigen möchte. Selbstverständlich lehne ich sein Angebot ab. Doch er ist hartnäckig. So bleibt mir nichts anderes übrig, als ihm zu sagen: »Deine Gegenwart stört mich, außerdem geht es mir gesundheitlich besser.« Er gibt nicht auf und versucht mir klarzumachen, daß er doch in dem freien Zimmer nebenan wohnen könnte. In diesem Moment, da ich noch um eine Antwort verlegen bin, kommt Ling Jishi. Ich habe gedacht, sie würden sich nicht kennen, doch während er Bruder Weis Hand schüttelt, erklärt mir Ling Jishi, daß sie sich schon zweimal im Krankenhaus getroffen haben. Bruder Wei bleibt kühl und würdigt ihn keines Blickes. »Dies ist mein jüngerer Bruder«, sage ich mit einem Lächeln zu Ling Jishi. »Er ist noch ein kleines Kind und weiß sich noch nicht zu benehmen. Du solltest ihm hier öfter deine Freizeit widmen.« Nun führt sich Bruder Wei wirklich wie ein kleines Kind auf, mit betrübter Miene erhebt er sich und geht fort. Da ich nicht allein bin, verberge ich, daß ich mich unglücklich fühle, außerdem glaube ich, mich bei Ling Jishi entschuldigen zu müssen. Aber ihm macht das alles nichts, er fragt vielmehr: »Ist sein Familienname nicht Bai? Wie kann er da dein jüngerer Bruder sein?« Ich muß lachen. »Läßt du dich denn nur von jemandem, der den Familiennamen Ling trägt, als Bruder titulieren?« Nun muß auch er lachen.

In letzter Zeit ist es unter den jungen Leuten Mode geworden, sich ständig nur über die *Liebe* den Kopf zu zerbrechen, wann immer sie zusammen sind. Wenn ich manchmal das Gefühl habe, etwas davon zu verstehen, so gelingt es mir doch nur selten, mich in solche Gespräche einzubringen. Die Dinge zwischen Mann und Frau liegen für mich einfach auf der Hand. Vielleicht ist dies der Grund, warum ich in Sachen *Liebe* so verwirrt bin, oder warum ich keinen Mut habe, Liebe zu predigen. Ich habe auch meine Zweifel, ob ich noch unschuldig genug bin, um von anderen geliebt zu werden, und stehe mit Argwohn dieser sogenannten *Liebe* gegenüber, von der gemeinhin die Rede ist, oder der *Liebe*, welche mir zuteil wird ...

Kaum hatte ich meine ersten Einblicke in die Dinge des Lebens gewonnen, da peinigten mich die Leute schon mit ihrer Liebe. In der Schule gab dies Anlaß, mich zu beleidigen und über mich herzuziehen, so daß selbst die besten Freunde sich von mir abwandten. Später litt ich unter der Gewalt, die dieser Liebe anhaftet, und aus lauter Angst verließ ich die Schule. Wenn ich auch Tag für Tag älter wurde, so blieb doch das Gefühl, daß all dies letztlich eine sinnlose Belastung sei. Von daher rührten auch meine Zweifel, ob die sogenannte *Liebe* überhaupt ihrer Intimitäten wert wäre. Bruder Wei sagt, er liebe mich, aber warum kommt dabei nichts anderes heraus, als daß er mir immer und immer wieder das Herz schwer macht? Zum Beispiel heute abend. Kaum ist er da, schon weint er, als ob das Ziel seines Besuches im Weinen läge. Ganz gleich, was ich auch sage, ob »Was ist dir? Sprich doch!« oder »Ich bitte dich, sag ein paar Worte, Bruder Wei . . .«, er zeigt keinerlei Reaktion. Dergleichen hat es bisher noch nie gegeben. Selbst mit der größten Anstrengung vermag ich seinen Kummer nicht zu ergründen. Wie nur soll ich herausbekommen, was ihn quält? Später, als er sich anscheinend ausgeweint hat, bricht es aus ihm heraus: »Ich kann ihn nicht ausstehen!« »Von wem fühlst du dich denn hintergangen? Was soll das Geschrei?« »Ich kann diesen großen Kerl nicht ausstehen! Er ist dir gut!« Oh, diese Wut gilt also mir. Ich kann über ihn nur lachen. Ist es diese abgeschmackte Eifersucht, diese eigensüchtige Besitzgier, was man Liebe nennt? Ich breche in Gelächter aus, in ein Gelächter, das natürlich diesem Eiferer keinerlei Trost bringen kann. Meine leichtfertige Art ruft in ihm eine unbezähmbare Wut wach. Seine funkelnden Augen scheinen mich beißen zu wollen. »Komm doch!« denke ich, aber er senkt nur wieder den Kopf, um mit dem Weinen fortzufahren. Schließlich wischt er sich die Tränen ab und geht wankenden Schrittes davon.

Vielleicht ist dies der Ausdruck wahrer, leidenschaftlicher Liebe, aber Bruder Wei geht damit so unüberlegt um, daß ihm ein Erfolg natürlich versagt bleibt. Auch mag ich keine Heuchelei oder Tuerei in der Liebe. Mit diesem kindischen Benehmen kann er mich ganz und gar nicht rühren. Vielleicht hängt das damit zusammen, daß ich von Natur aus ein hartes Herz habe, das allzu große Ansprüche stellt; dann allerdings habe ich mir all meine Sorgen und Schmerzen selbst zuzuschreiben.

Kaum ist Bruder Wei fort, beginne ich – wie befreit – über meine eigenen Bedürfnisse nachzudenken. Aus meiner Erinnerung tauchen deutlich Bilder einer Sanftheit, Großzügigkeit, Offenheit und Leidenschaftlichkeit auf, die allein schon ausreichen, um mich in einen Freudentaumel voller Harmonie zu versetzen. Ich schreibe ein paar Zeichen auf eine Karte und lasse sie durch den Zimmerburschen ins vierte Studentenwohnheim bringen.

9. März

Betrachte ich Ling Jishi, wie er so ungezwungen in meinem Zimmer sitzt, überkommt mich unwillkürlich wieder Mitleid für Bruder Wei. Ich kann nur beten, daß niemand sonst in dieser Welt meine abgrundtiefe Verachtung für beispiellose Aufrichtigkeit teilt, sie führt in eine uferlose Verzweiflung, aus der es kein Entkommen gibt. Noch mehr hoffe ich, daß ein aufrichtiges, reines Mädchen Bruder Weis Liebe auskostet und die Leere füllt, die er fühlt!

13. März

Seit ein paar Tagen habe ich nicht mehr zum Pinsel gegriffen. Ich weiß nicht, ob es an meiner furchtbaren Stimmung oder an meiner Gefühlskälte liegt. Ich weiß nur, daß ich seit gestern nichts als weinen möchte. Andere, die mich weinen sehen, meinen, ich hätte Heimweh, wäre auf meine Krankheit fixiert. Sehen sie mich jedoch lachen, dann denken sie gleich, ich sei glücklich, und beglückwünschen mich voller Freude zu den ersten Anzeichen meiner Genesung ... Sie sind alle so, meine sogenannten Freunde. Wem kann ich mein verrücktes Herz offenbaren, das Tränen verachtet, aber zu keinem Lachen fähig ist? In dieser Welt kann die Suche nach der Verwirklichung unverzichtbarer Sehnsüchte und Wünsche nur in Depressionen enden: das steht für mich außer Frage. Daher will nicht einmal ich selbst mich je wieder wehleidig diesem Schmerz hingeben, der völlig unvorhersehbar eintritt. Wie kann ich mich da schriftlich über mein schlechtes Gewissen und meinen Selbsthaß auslassen?

Ja, ich neige wohl auch jetzt dazu, mich in Klagen zu ergehen. Aber da sich dies nur in meinem Kopf abspielt, ist es wohl kein Unglück. Noch nie habe ich den Mut gehabt, in

Gegenwart anderer meinem Kummer freien Lauf zu lassen, obwohl ich bereits früh – und das zu Unrecht – als »engstirnig«, »hochnäsig«, »exzentrisch« galt. In Wahrheit will ich gar nicht klagen, ich möchte nur weinen, weinen an der Brust eines Menschen und ihm sagen: »Ich ruiniere mich wieder selbst!« Aber wer kann mich verstehen, in die Arme nehmen und trösten? So schlucke ich denn meine Tränen in selbstzerstörerischem Gelächter hinunter.
Warum bin ich so? Das läßt sich schwer sagen! Selbstverständlich habe ich es bisher versäumt, mir auch nur insgeheim meine Liebe zu jenem auffallend großen Mann einzugestehen. Aber warum kommt ihm in meinem Herzen eine solch unerklärliche Bedeutung zu? Seine hohe Gestalt, sein Gesicht wie Milch und Blut, seine sanften Blicke, seine erregenden Mundwinkel sind fraglos prädestiniert, all die Frauen zu verführen, die körperliche Schönheit lieben, und mit seiner stolzen Art fasziniert er all jene, die noch Liebeserwartungen haben. Doch wie könnte ich mich hiervon betören lassen und einem Beau aus Südostasien verfallen! Seit dem letzten Gespräch durchschaue ich sein erbärmliches Streben: Was will er? Geld. Eine junge Frau, die im Wohnzimmer mit seinen Geschäftsfreunden Umgang zu haben versteht. Ein

paar fette, feiste Söhne, die fein angezogen sind. Was ist ihm Liebe? Ein fleischlicher Genuß, den er für einen kurzen Augenblick in einem Bordell für Geld haben kann. Ein duftender Leib, den er, auf einem weichen Sofa sitzend, in den Armen hält. Scherzen und Lachen mit Freunden, wie es ihm gerade einkommt, Zigarette im Mund und Beine übereinander. Macht es ihm keinen Spaß mehr, dann läßt er es sein und geht nach Hause zu seiner Frau. Sein Sinn steht ihm nach Reden und Diskussionen, nach Tenniswettkämpfen; er möchte in Harvard studieren, Diplomat werden, Gesandter, Minister oder den Posten seines Vaters übernehmen, ins Gummigeschäft einsteigen, ein Kapitalist werden ... Das nämlich ist es, was er anstrebt! Es gibt nichts, was ihm nachts den Schlaf rauben könnte, ausgenommen die Unzufriedenheit darüber, daß sein Vater noch nicht einen Haufen Geld geschickt hat. Und wenn er das Geld hat, dann ist es die geringe Zahl schöner Frauen in Peking, die ihn mißmutig macht, manchmal in ihm einen Widerwillen gegen Vergnügungsstätten, Theater, Kinos und Parks wachruft ... Ach, was soll ich dazu sagen? Wenn ich mir darüber bewußt werde, daß in diesem erhabenen Idol, nach dem ich mich verzehre, eine so schlechte Seele steckt, und daß ich außerdem noch ohne jede Veranlassung seine Intimitäten akzeptiert habe, Intimitäten, die noch nicht einmal die Hälfte von dem ausmachen, was er in den Bordellen verschleudert! Wenn ich daran denke, wie er sich niederbeugte, um mein Haar zu küssen, kommen mir die Tränen wieder vor Reue! Überlasse ich mich nicht freiwillig seinen Gelüsten, als gehörte ich zu den Mädchen, die ihr Lächeln verkaufen? Aber dies alles fällt auf mich selbst zurück und vertieft nur meine Traurigkeit. Denn eigentlich bedarf es ja nur meiner eigenen Bereitschaft, ihm entschiedenen Widerstand entgegenzusetzen, dann – wage ich zu glauben – wäre er nicht mehr so mutig, und der Grund hierfür liegt – so wage ich weiter zu glauben – darin, daß er selbst noch nie glühende Verliebtheit erlebt hat ... Ach, wie muß ich mich selbst verfluchen.

14. März

Ist dies Liebe? Vielleicht hat nur Liebe die Macht, die Gedanken eines Menschen so unwägbar werden zu lassen! Als ich schlafen ging, verachtete ich diesen Schönling, aber als ich aus meinen Träumen erwachte und meine verschlafenen Augen rieb, trat dieser Spießer wieder in meine Erinnerung. Ich frage mich: Kommt er heute? Um welche Zeit? Morgens, nachmittags, abends? Ich springe aus dem Bett, beeile mich mit dem Waschen, ordne das Bettzeug und hebe die ›Reden Wilsons‹ vom Boden auf, die Ling Jishi gestern abend hier vergessen hat. Ich höre nicht auf, darin herumzublättern.

14. März, abends

Ich habe solch einen schönen Traum, diesen Traum hat mir Ling Jishi gegeben. Aber gleichzeitig zerstört er ihn auch wieder. Nur wenn ich meinen Grund in ihm habe, vermag ich den schweren Wein der Jugend zur Neige zu trinken und im Liebesgelächter die Morgen zu verbringen. Aber wenn ich meinen Grund in ihm habe, verstehe ich, was es mit den Dingen des ›Lebens‹ auf sich hat, und denke wieder entmutigt ans Sterben. Ich hasse mich selbst, ich hasse, daß ich bereit war, so tief zu fallen. Und dies ist nur die geringste Strafe! Manchmal mündet der Wunsch, mir meinen Geliebten zu erhalten, tatsächlich in den Gedanken: ›Habe ich die Kraft, einen Menschen umzubringen?‹
Ich habe über alles nachgedacht. Um mir meinen schönen Traum zu bewahren und den täglich fortschreitenden Abbau meiner Lebenskraft zu unterbinden, wäre es am besten, sofort in die Westberge zu gehen. Aber Yufang teilt mir mit, daß der Freund, der in den Westbergen wohnt und mit der Zimmersuche beauftragt ist, noch nicht geantwortet hat. Ich kann doch nicht selbst Erkundigungen einziehen oder sie drängen? Jedenfalls habe ich beschlossen: Ich will den guten Jungen, diesen großen Mann, kom-

men und ihn meine Arroganz und Diffamie auskosten lassen.

17. März

Gestern abend ist Bruder Wei im Zorn fortgegangen. Heute kommt er wieder, um in aller Ruhe den Streit zu schlichten. Ich muß unwillkürlich lachen, aber gleichzeitig finde ich ihn liebenswert. Wenn eine Frau nur einen treuen Lebensgefährten will, dann gibt es niemand Zuverlässigeren als Bruder Wei. Lachend frage ich ihn: »Bruder Wei, haßt du deine Schwester noch?« Daraufhin sagt er beschämt: »Nein, ganz und gar nicht. Schwester, versteh mich! Ich hoffe nur, daß du mich nicht verstößt. Einen anderen Gedanken habe ich nicht. Ich möchte bloß, daß es dir gutgeht und daß du fröhlich bist.« Ist dies nicht wirklich aufrichtig? Ist dies nicht ergreifend? Wie machte er sich bei einem Vergleich mit jenem weißen Gesicht und jenen roten Lippen, die mir immerzu im Kopf herumspuken? »Bruder Wei, du bist ein guter Mensch. Die Zukunft wird dir mit Sicherheit die Erfüllung all deiner Wünsche bringen.« Doch er zeigt nur ein trauriges Lächeln. »Niemals wird das der Fall sein. Aber ich wünsche, du hast recht.« Was soll das? Es soll mein Leiden erschweren. Wenn ich doch vor ihm niederknien und ihn bitten könnte, mir nur die Liebe eines Freundes oder Bruders zu gewähren. Aus purer Selbstsucht wünsche ich mir weniger Komplikationen und ein bißchen mehr Freude. Bruder Wei liebt mich, außerdem versteht er sich auf schöne Worte, aber er läßt etwas außer acht: Erstens sollte er wirklich seine Leidenschaft mäßigen und zum zweiten seine Liebe verbergen. Dieser aufrichtige Mann kann einem auf unerträgliche Art leid tun.

18. März

Ich gebe Xia den Auftrag, für mich ein Zimmer in den Westbergen zu suchen.

19. März

Ling Jishi ist wider Erwarten seit einigen Tagen nicht mehr bei mir gewesen. Natürlich kann ich mich nicht zurechtmachen, kann niemanden bewirten, kann nicht einmal meinen Haushalt führen. Ich bin lungenkrank und habe kein Geld. Was für einen Grund hätte er also zu kommen? Und auch ich habe nicht das Bedürfnis nach seiner Gegenwart. Aber daß er gerade jetzt nicht mehr kommt, verstärkt meine Traurigkeit und beweist nur seine unlauteren Absichten, die er gehegt hat. Ist er etwa eine so ehrliche Haut wie Bruder Wei, daß er eine Nachricht mit den Worten: »Ich bin krank. Bitte, stör mich nicht durch deinen Besuch« für bare Münze nimmt und folglich nicht kommt, weil er sich keines Verstoßes schuldig machen will? Ich muß ihn wiedersehen, um herauszufinden, was für Ansichten dieses auffallend große Scheusal über mich hegt.

20. März

Heute bin ich dreimal zu Yunlin gelaufen, ohne den Mann zu treffen, den ich gern sehen würde. Selbst Yunlin scheint Verdacht zu schöpfen, denn er fragt mich, ob ich Ling Jishi in letzter Zeit nicht gesehen habe. Enttäuscht kehre ich heim. Ich bin tief beunruhigt. Betrüge ich mich nicht selbst, wenn ich mir einrede, ich hätte in den letzten Tagen nicht an ihn gedacht?
Abends um 7 Uhr kommen Yufang und Yunlin. Sie laden mich ins 3. Institut der Hauptstadt-Universität zur englischen Debatte ein. Ling Jishi sei der Leiter der B-Gruppe. Bei dieser Nachricht beginnt mein Herz heftig zu klopfen. Meine Krankheit dient mir als Vorwand, ihre gutgemeinte Einladung auszuschlagen. Ich bin ein Schwächling. Ich habe nicht den Mut, mich einer solchen Aufregung zu stellen. Noch immer rede ich mir ein, ihn nicht sehen zu wollen, aber als die beiden gehen, bitte ich sie, Ling Jishi Grüße zu bestellen. Ach, ich habe einfach keine Selbstkontrolle!

21. März

Ich habe gerade meine Eier gegessen und meine Milch getrunken, als ich ein vertrautes Klopfen vernehme. Im Rahmen des Papierfensters zeichnet sich ein großer langer Schatten ab. Ich will aufspringen und die Tür öffnen, aber irgend etwas hält mich zurück. Wie gelähmt senke ich den Kopf.

»Sophia, bist du auf?« Diese Stimme ist so liebenswürdig und sanft, daß ich am liebsten weinen möchte, kaum daß ich sie höre.

Weiß er etwa, daß ich schon im Stuhl sitze? Weiß er, daß ich nicht imstande bin, ihn zornig zurückzuweisen? Er öffnet leise die Tür und kommt herein. Die Augen voller Tränen wage ich nicht aufzublicken.

»Geht es dir etwas besser? Bist du gerade aufgestanden?«

Ich bringe kein Wort heraus.

»Ach, du bist mir wirklich böse, Sophia, du kannst mich nicht ausstehen. So gehe ich denn wieder, Sophia!«

Wenn er ginge, wäre es sicherlich für mich das Beste, aber ich schaue plötzlich auf und gebiete mit meinen Blicken seiner Hand, die nach der Türe greift, Einhalt.

Wer sagt, er sei nicht mit allen Wassern gewaschen? Er versteht sofort und bringt es fertig, meine beiden Hände fest in die seinen zu nehmen.

»Sophia, du hältst mich zum Narren. Jeden Tag komme ich hier vorbei, ohne den Mut aufzubringen, dich zu besuchen. Wenn mir nicht Yunlin erzählt hätte, daß du unmöglich böse auf mich sein kannst, dann hätte ich auch heute nicht gewagt, zu dir zu kommen. Sophia, bin ich dir lästig?«

Jeder wird verstehen, wenn er jetzt den Mut hätte, mich zu umarmen und mich wie wild und wahnsinnig zu küssen, ich würde mit Sicherheit in seine Arme fallen und unter Tränen sagen: »Ich liebe dich! Ich liebe dich!« Doch er ist so kühl, so kühl, daß ich ihn jetzt wieder hasse. Aber schon denke ich wieder in meinem Herzen: »Komm doch, umarme mich, ich möchte dein Gesicht küssen!« Natürlich hält er weiter meine Hände fest und starrt mir ins Gesicht. In seinem Mienenspiel suche ich nach einem Entgegenkommen, das er nicht gewährt, auf das ich aber warte. Warum versteht er nur, daß ich zu nichts nutze bin, daß man mich leicht kränken kann, warum begreift er nicht, was er für eine Rolle in meinem Herzen spielt! Wenn ich ihn doch nur mit einem Tritt hinausbefördern könnte! Aber dann überkommt mich jene ande-

re Empfindung. Ich schüttle den Kopf, ich bin ganz und gar nicht gegen sein Kommen.
Wieder falle ich auf seine abgeschmackten Liebesbeteuerungen herein, höre seine schwungvollen Reden über weltliche Vergnügungen und über die Rolle des Geldes als Mitte des Lebens. Ja, er wagt es sogar anzudeuten, was er von einer Frau erwartet. Das alles führt nur dazu, daß ich ihn verachte, insgeheim auf ihn fluche und mich über ihn lustig mache. Innerlich balle ich die Fäuste und gebe meinem Herzen einen Stoß. Doch wie er dandyhaft mein Zimmer verläßt, wird mir so beklommen, daß ich wieder weinen möchte. Ich muß mein leidenschaftliches Verlangen in seiner Abwesenheit ständig unterdrücken und habe ihn noch niemals gebeten, länger zu bleiben.
Ach, er ist fort!

21. März, abends

Was war das für ein Leben, heute vor einem Jahr? Um Schwester Yuns willen, die mir jeden Wunsch von meinen Augen ablas, tat ich so, als sei ich krank, blieb im Bett und war nicht bereit aufzustehen. Weil sie mich streicheln sollte, dann auch wegen ihrer Tränen, die sie aus Verzweiflung darüber vergoß, mich nicht trösten zu können, verbarg ich am Tisch meinen Kopf in den Armen und weinte bitterlich über Lappalien. Wenn ich so den ganzen Tag in ruhigen Gedanken versunken war, überließ ich mich manchmal ganz der Trauer, jener vagen Trauer, die ich mir nicht zerstören wollte, durchwehte sie doch ein Hauch von Süße. Nachts im Französischen Park lauschte ich Schwester Yun, die im Gras das Lied vom Pfingstrosenpavillon sang. Nur ungern beschwöre ich diese Erinnerungen, es ist, als ob himmlische Mächte ihr Spiel mit ihr getrieben hätten, denn hätte sie sich nicht in diesen blassen Jüngling verliebt, dann wäre sie bestimmt nicht so schnell gestorben. Und ich, – ich wäre gewiß nicht in Peking gestrandet, wo ich mutterseelenallein mit meiner Krankheit kämpfe. Obwohl ich einige Freunde habe, die sich um mich kümmern, wie ließen sich diese Beziehungen mit der Liebe

aufwiegen, die Schwester Yun mir gab. Wenn ich an Schwester Yun denke, möchte ich meinen Tränen freien Lauf lassen können wie früher in ihrer Gegenwart, einem verzogenen Kinde vergleichbar. Aber in diesem vergangenen Jahr habe ich viel hinzugelernt, ich schlucke meine Tränen hinunter, auch wenn mir oft nach Weinen zumute ist. Ich habe Angst, anderen Leuten damit lästig zu fallen. Eigentlich weiß ich gar nicht, warum ich in letzter Zeit so unruhig bin. Ich möchte mich müßig in Betrachtungen ergehen: über mein Tun und Denken, über meine Gesundheit, meinen Ruf und meine Zukunft, doch finde ich keine Ruhe. Den ganzen Tag dreht sich mein verwirrter Geist nur um eine Sache, und an die will ich gerade nicht denken, weil ich am liebsten davor weglaufen möchte. Deshalb plagen mich eine Unruhe und ein Schmerz, die unbeschreiblich sind. All meine Hoffnung liegt in den Worten »Ich habe den Tod verdient«. Habe ich denn Anspruch auf Mitgefühl und Trost? Ich scheine ja bereits darum zu betteln.
Nach dem Abendessen kommen Yufang und Yunlin zu mir. Nun ist es schon 21 Uhr, und ich mag immer noch nicht, daß die beiden gehen. Ich weiß, Yufang würde aus Freundlichkeit bleiben, aber Yunlin gibt vor, sich noch auf den

morgigen Unterricht vorbereiten zu müssen, er läßt sich nicht überreden und geht schließlich allein fort. Daraufhin erzähle ich Yufang eher andeutungsweise von der peinlichen und beklemmenden Lage, in der ich mich in letzter Zeit befinde. Mein Wunsch ist einzig, daß sie diese Dinge verstehen lernt, und daß sie die Kraft hat, mir die Entscheidung über eine Veränderung in meinem Leben abzunehmen. Aber sie versteht mich vollkommen falsch und warnt mich in ihrer biederen Art: »Sophia, ich glaube, du bist zu verspielt, zu unehrlich. Natürlich machst du das nicht absichtlich, aber du bist recht sorglos mit deinen Blicken. Du mußt wissen, Leute wie Ling Jishi sind nicht vom Schlage jener Burschen, mit denen wir in Shanghai unseren Spaß trieben. Sie haben wenig Gelegenheit, mit Frauen zusammenzukommen und ihre Aufmerksamkeit auf sich zu ziehen. Du darfst nicht zulassen, daß er später enttäuscht und verbittert ist. Ich weiß ganz genau, daß du ihn nicht liebst.« Nun liegt also die Schuld bei mir? Hätte ich, statt sie um Hilfe zu bitten, mit ihr geschwatzt, wären ihr dann auch so böse Dinge, die mich aufregen und verletzen, über die Lippen gekommen? Ich bändige meinen Ärger und sage mit einem Lachen: »Schwester Fang, mach mich nicht so schlecht!«

Als Yufang die Absicht äußert, über Nacht zu bleiben, bestehe ich darauf, daß sie geht.
Da gibt es eine Reihe begabter Frauen, fähig, infolge geringster Enttäuschungen eine Unzahl von klassischen Gedichten im Alten und Neuen Stil zu verfassen: »Ich bin gefühlvoll und so melancholisch«, »Voller Trauer ist mein Herz«. Ich dagegen bin völlig unbegabt. Poesievolle Situationen zeitigen bei mir keinerlei Resultat. Und wenn ich meine Tränen zu Versen machen wollte, es gelänge mir nicht, den Kampf meiner Gefühle auszudrücken. Bei meiner Unzulänglichkeit sollte ich mir solches aus den Kopf schlagen und ein ordentlicher Mensch werden, selbst wenn das einen großen Verzicht bedeutet. Ich sollte niemals, um mich interessant zu machen oder bewundernde Blicke zu erheischen, nach Pinsel oder Pistole greifen. Ist es wirklich so, daß ich mich nur wegen des weichen Haares und der roten Lippen eines Mannes einer Bitternis überantworte, die schwerer zu ertragen ist als der Tod? . . .
Ich träume von der Galanterie der europäischen Ritter des Mittelalters. Kein schlechter Vergleich mit Ling Jishi, man braucht ihn sich nur einmal anzuschauen. Doch er hat auch die Vorzüge östlicher Sanftmut bewahrt. Gott hat ihn reichlich mit seinen Gaben bedacht, aber warum

hat er ihm nicht auch ein wenig Klugheit gegeben? Er weiß noch nicht einmal etwas von wahrer Liebe, ja, er weiß wirklich nichts davon, obwohl er verheiratet ist (Yufang hat mir das heute nacht erzählt); obwohl er einmal in Singapur auf dem Fahrrad hinter einer Frau in einer Rikscha hergejagt und lange Zeit in sie verliebt gewesen ist, trotz seiner Nächte im Freudenhaus. Aber ist er wirklich schon einmal von einer Frau geliebt worden? Hat er jemals eine Frau geliebt? Ich wage zu behaupten, es ist nicht der Fall!

Ein seltsamer Gedanke nimmt in meinem Kopf Gestalt an. Ich will diesem Universitätsstudenten eine Lektion erteilen. Die Dinge in dieser Welt sind nicht so einfach, wie er denkt!

22. März

Diese Tagebucheintragungen entstanden aus einem Zwang heraus, aus der Not meines Herzens. Ich habe damit begonnen, weil Schwester Yun mich in ihren Briefen immer wieder dazu aufgefordert hat. Nun ist Schwester Yun schon einige Zeit tot, dennoch kann ich nicht davon lassen, aus Erinnerung an sie und an ihre zu Lebzeiten erwiesene Fürsorge. Deshalb schreibe ich, egal, wie wenig mir danach zumute ist, kritzle ich aufs Geratewohl eine halbe oder eine ganze Seite hin. Manchmal, wenn ich schon im Bett liege und dann das Foto von Schwester Yun an der Wand sehe, erhebe ich mich automatisch und mache mich ans Werk, um den Schmerz zu lindern, der mich bei dem Gedanken an Schwester Yun überfällt; und natürlich möchte ich dieses Tagebuch niemandem außer Schwester Yun zu lesen geben: Erstens habe ich es nur für sie, die mein Leben im einzelnen kennenlernen wollte, zu schreiben begonnen, und zweitens habe ich auch Angst davor, fremden, angepaßten Leuten noch mehr Einblick in mein Herz zu gewähren, – als hätte ich ein Verbrechen begangen und die gemeinhin so hochgehaltene Moral verletzt. Deshalb kommt dieses schwarz eingebundene Heftchen stets unter meinem Kopfkissen zu liegen. Und nun habe ich heute zu allem Unglück gegen diesen Grundsatz verstoßen, aber es geschah aus einer Zwangslage heraus, wenn auch bar jeglicher Überlegung. Anlaß gab Bruder Wei, der mich in letzter Zeit zutiefst mißversteht, mit dem Ergebnis, daß er mich oft in seine Sorgen miteinbezieht. Ich meine, in meinen täglichen Handlungen hinlänglich meine Einstellung zum Ausdruck zu bringen, warum nur ist er nicht in der Lage zu verstehen, worum es mir geht? Soll ich ihm etwa direkt sagen, was mit mir los ist, was ich von ihm halte, und ihm verbieten, mich zu lieben? Oft denke ich, handelte es sich nicht um Bruder Wei, sondern um irgend jemand anderen, alles wäre viel einfacher, und ich wüßte auch, wie ich mich zu verhalten hätte. Aber ausgerechnet er, ein so guter Mensch, dem ich nicht wehtun möchte! Ich wußte keinen anderen Weg, als ihm mein Tagebuch zu lesen zu geben, damit er erkennt, wie hoffnungslos seine Liebe ist, und damit er auch weiß, daß ich, eine so kühle und sprunghafte Frau, es nicht verdiene, geliebt zu werden. Wenn Bruder Wei mich verstünde, könnte er der einzige Freund sein, dem ich mein Innerstes offenbarte. Ich könnte ihn liebevoll in die Arme schließen und küssen. Von Herzen wünsche ich ihm die liebenswerte-

ste und schönste Frau der Welt ... BruderWei hat das Tagebuch wieder und wieder gelesen, und obwohl er geweint hat, ist seine Haltung außergewöhnlich gefaßt, was ich nicht erwartet habe. Ich frage ihn:
»Verstehst du mich jetzt?«
Er nickt mit dem Kopf.
»Vertraust du mir jetzt?«
»In welcher Hinsicht?«
Nun erfasse ich den Sinn seines Nickens. Wer mich verstünde, müßte wissen, daß mein Tagebuch nur einen Bruchteil meines Wesens zum Ausdruck bringt, was mich zutiefst schmerzt. Es ist schon schlimm genug, daß ich dieses Tagebuch mit all seinen Unzulänglichkeiten einem anderen zu lesen gebe, bloß weil ich mir sein Verständnis erhoffe. Aus Angst, ich könnte denken, er hätte mich noch nie verstanden, sagt Bruder Wei schließlich unaufhörlich:
»Du liebst ihn! Du liebst ihn! Ich passe nicht zu dir!«
Am liebsten würde ich dieses Tagebuch vor Wut zerreißen. Hat es seinen Sinn nicht ganz und gar verfehlt? »Ich bin müde, komm morgen wieder«, ist alles, was ich Bruder Wei antworten kann.
Hat diese Welt überhaupt etwas zu bieten, außer einem Übermaß an Schrecken? Ja, wenn

Schwester Yun noch lebte und mein Tagebuch gesehen hätte, sie hätte verstanden und würde mich nun weinend in den Armen halten: »Sophia, meine Sophia, warum kann ich nicht etwas stärker sein, damit meine Sophia nicht so furchtbar leidet . . .« Aber Schwester Yun ist tot. Welche Klage wäre diesem Tagebuch angemessen?

23. März

»Sophia, du bist wirklich eine komische Frau!« meint Ling Jishi zu mir. Daß es sich hierbei durchaus nicht um eine Anerkennung handelt, die aus dem Verständnis meiner Person resultiert, ist mir klar. Was er komisch findet, sind zum Beispiel meine zerfetzten Handschuhe, die Schubfächer, in denen ich mein Parfüm nicht finde, das neue wattierte Gewand, das ohne ersichtlichen Grund schon zerrissen ist, die alten Spielsachen, die ich aufbewahrt habe ... was noch? Vielleicht mein Lachen, das er dann und wann zu hören bekommt. Alles andere aber kann er nicht nachvollziehen. Ich war ihm gegenüber auch niemals offen. Sagt er zum Beispiel: »Später muß ich fleißig Geld verdienen«, so lache ich nur; erzählt er, wie er mit Freunden im Park Studentinnen nachgestiegen sei (»Sophia, das war wirklich lustig«), dann lache ich eben auch. Was er komisch nennt, sind natürlich Dinge außerhalb seines Horizonts. Aber es tut mir weh, daß ich nicht in der Lage bin, mich ihm verständlich zu machen und mir seine Achtung zu verschaffen. Ich wünsche nichts sehnlicher, als in die Westberge zu gehen. Denke ich an meine früheren Illusionen, so kann ich nur lachen.

24. März

Sobald ich allein mit ihm bin, versetzen mich sein Gesicht und seine Stimme, die mir wie Musik klingt, in Erregung. Warum stürze ich mich nicht auf ihn, küsse seine Lippen, die Spitzen seiner Augenbrauen, seine . . . ach, ganz einfach alles? Manchmal liegen mir doch tatsächlich Worte auf den Lippen wie: »Mein Ling, erlaube, daß ich dich küsse!«, aber die Vernunft, nein, ich war noch niemals vernünftig, eher ein Gefühl der Selbstachtung hält mich zurück. Ach, wie gemein seine Gedanken auch sein mögen, er hat nun mal in mir diese irrsinnige Leidenschaft erweckt, bestimmt nichts besonders Originelles; aber warum kann ich denn nicht zugeben, daß ich in ihn verliebt bin? Wenn er mich nur fest in seine Arme nähme und mir gestattete, seinen ganzen Körper zu küssen, um mich dann in den Ozean oder ins Feuer zu werfen, ich würde vor Freuden die Augen schließen und auf den Tod warten, der für alle Ewigkeit meine Liebe aufbewahrte. Ach, ich liebe ihn, es reicht, wenn er mir einen schönen Tod gibt . . .

24. März, Mitternacht

Ich habe einen Entschluß gefaßt. Um mich vor sinnlicher Versuchung und moralischem Verfall zu retten, werde ich morgen früh zu Xia gehen. So entgehe ich dem Schmerz, den mir der Anblick Ling Jishis bereitet, ein Schmerz, der mich allzu lang geplagt hat.

26. März

Ich bin aus dem Regen in die Traufe geraten, so daß ich schleunigst heimgekehrt bin. Am zweiten Tag meines Aufenthalts bei Xia war auch Mengru gekommen. Obwohl ihr Besuch nicht mir galt, machte er mich doch recht mißmutig. Spät am Abend tat sie ihre neuesten Ansichten in Sachen Gefühlsleben kund, der darin verborgene Spott war gegen mich gerichtet. Ich sagte nichts dazu, diese Genugtuung wollte ich ihr nicht geben. Mit offenen Augen lag ich auf Xias Bett, und erst bei Tagesanbruch machte ich mich voller Zorn auf den Heimweg.

Yufang teilte mir mit, daß ein Zimmer in den Westbergen bereits gefunden sei, außerdem habe sich eine Zimmergefährtin für mich gefunden, ebenfalls rekonvaleszent und eine gute Freundin von ihr. Über diese Nachricht sollte ich eigentlich froh sein, aber kaum daß sich meine Miene ein wenig aufheitert, verdüstern sie schon wieder die Schatten der Traurigkeit. Obwohl ich bereits in jungen Jahren meine Familie verlassen und mich in der Welt herumgetrieben habe, waren doch immer Verwandte und Freunde in meiner Nähe. Nun ist es das erste Mal, daß ich mich mit meinen zwanzig Jahren allein an einen fremden Ort begebe, auch wenn dieser – die Westberge – nur einige zehn Meilen von der Stadt entfernt ist. Wenn ich nun lautlos in diesen Bergen stürbe, wer würde als erster meine Leiche entdecken? Und wer kann mir garantieren, daß ich dort nicht sterben werde? Vielleicht kostet es andere Leute nur ein Lachen, daß mich solche Lappalien ängstigen, aber mich macht es weinen. Als ich Yufang frage, ob sie mich entbehren könne, lacht sie und sagt, ich fragte wie ein Kind, dieses Stückchen Weg bedeute doch keine Trennung. Erst als Yufang mir verspricht, mich einmal die Woche in den Bergen zu besuchen, wische ich mir verschämt die Tränen ab.

Am Nachmittag suche ich Bruder Wei auf. Auch er sagt, er werde einmal die Woche in die Berge kommen, und zwar an den Tagen, an denen Yufang nicht komme.

Es ist schon Abend, als ich zurück bin. In meiner Einsamkeit beginne ich, die Sachen zu packen. Der Gedanke, meine Pekinger Freunde zu verlassen, treibt mir erneut Tränen in die Augen, doch wenn ich denke, daß meine Freunde bisher meinetwegen noch nie geweint haben, muß ich die Tränenspuren wieder wegwischen. So werde ich dieser alten Stadt denn allein und einsam den Rücken kehren.

In meiner Verlorenheit denke ich wieder an

Ling Jishi. Doch so ist das nicht richtig ausgedrückt. Bei Ling Jishi kann man nicht einfach von »sich erinnern«, »wieder denken an« reden. Ich denke ja den ganzen Tag ohne Unterbrechung an ihn, man könnte höchstens sagen: »Reden wir mal wieder von meinem Ling Jishi.« Diese bewußt herbeigeführte Trennung bedeutet einen unwägbaren Verlust für mich. Ich wollte mich eigentlich von ihm freimachen, aber gerade dadurch habe ich mich noch fester an ihn gebunden. Kann ich ihn schon nicht aus meinem Herzen reißen, was hat es dann für einen Sinn, ihm zu entfliehen, ihn nicht zu sehen? Das alles beunruhigt mich zutiefst. Ich kann mich nicht einfach von ihm trennen und in aller Stille in die Westberge gehen . . .

27. März

Gleich in der Frühe ist Yufang zu den Westbergen aufgebrochen, um das Zimmer für mich einzurichten. Wir haben vereinbart, daß ich morgen nachkomme. Wie soll ich ihr für diese Hilfsbereitschaft danken? Ursprünglich habe ich noch einen Tag in der Stadt bleiben wollen, aber das kann ich jetzt schlecht sagen.
Und nun, da ich voller Unruhe bin, kommt Ling Jishi. Während ich seine beiden Hände festhalte, sagt er:
»Sophia, so viele Tage habe ich dich nicht gesehen!«
Wie gern würde ich jetzt weinen, ihn in meinen Armen, und nichts als weinen, aber die Augen bleiben trocken, und wieder bleibt mir nur ein Lächeln.
Als er hört, daß ich morgen in die Westberge gehe, ist er überrascht und seufzt; er versucht, mich zu trösten, so daß ein Lächeln auf meinem Gesicht erscheint. Wie er mich so lächeln sieht, drückt er meine Hand ganz fest, so fest, daß sie mir weh tut, und sagt in zornigem Ton:
»Du lächelst! Du lächelst!«
Der Schmerz in meinen Fingern bereitet mir ein nie dagewesenes Wohlempfinden. Es ist mir, als bohrte sich auch in mein Herz etwas hinein. Ich

möchte mich in seine Arme werfen, just in diesem Augenblick kommt Bruder Wei.
Bruder Wei weiß ganz genau, daß mir seine Präsenz unerwünscht ist, daher bleibt er. Ich werfe Ling Jishi einen Blick zu: »Hast du jetzt nicht Unterricht?« So habe ich einen Grund, Ling Jishi hinauszubegleiten. Er erkundigt sich, wann ich morgen früh aufbreche und kündigt mir seinen Besuch an. Ich betrachte ihn voller Wärme, den Widerspruch zwischen seinem schnöden Wesen und dem schönen Äußeren habe ich in diesem Moment vergessen, in meinen Augen ist er ein Liebhaber wie aus dem Märchen. Ja, Sophia hat einen Liebhaber! ...

27. März, abends

Es ist nun schon ganze fünf Stunden her, daß ich Bruder Wei fortgeschickt habe. Was wäre die rechte Bezeichnung für diese fünf Stunden? Ich bin in diesem kleinen Zimmer gefangen wie eine Ameise in einem heißen Topf: bald sitze ich, bald stehe ich, bald renne ich zur Tür, um durch den Spalt zu schauen – er kommt nicht, ich bin sicher, er kommt nicht. Weinen möchte ich, daß ich so gottverlassen von hier fortgehen soll. Gibt es in Peking keinen Menschen, der mit mir weint? Ja, ich muß raus aus diesem kalten und grausamen Peking. Was soll ich noch mit diesem Bett, mit diesem schmierigen Bücherregal, diesem dreibeinigen Hocker ... Ja, morgen früh werde ich aufbrechen, die Pekinger Freunde brauchen sich dann nicht mehr von Sophias Krankheit belästigt zu fühlen. Zum Wohle der Freunde ist es nur recht, wenn Sophia in den Westbergen stirbt. Aber daß sie alle Sophia so ohne jede Anteilnahme allein in die Westberge gehen lassen –, und wenn sie nicht stürbe, würde das auch niemanden berühren! ... Schluß damit! Denk nicht mehr daran! Was soll das Ganze? Verlangte Sophia nicht so sehr nach Zuneigung, dann könnte sie sehr wohl mit der offensichtlichen Sympathie ihrer Freunde zufrieden sein ...

Über Freunde vermag ich nicht mehr zu reden. Ich weiß, diese Welt hat für alle Zeiten keine Freundschaften zu bieten, die Sophia zufriedenstellen würden!
Aber was kann mir dann Befriedigung verschaffen? Ling Jishi hat versprochen zu kommen, aber jetzt ist es schon 9 Uhr abends. Selbst wenn er käme, würde ich mich noch freuen? Kann er mir geben, was ich brauche? . . .
Der Gedanke, daß er nicht kommt, treibt mich wieder zum Selbsthaß! Früher wußte ich, wie man solche Männer behandelt, und welche Haltung man ihnen gegenüber einnimmt, aber jetzt bin ich nichts als eine Närrin. Wie konnte ich ihm nur so einen schmachtenden Blick zuwerfen, als ich ihn fragte, ob er noch einmal käme? Einem schönen Mann gegenüber sollte man niemals ehrlich sein, sonst erntet man nur Geringschätzung . . . Aber ich liebe ihn, warum dann auf Tricks zurückgreifen? Kann ich mir selbst nicht meine Liebe offen eingestehen? Und außerdem sehe ich nicht ein, warum es nicht erlaubt sein sollte, einen Mann hundertmal zu küssen, solange niemandem damit Schaden zugefügt wird!
Er hat mir sein Kommen zugesagt, aber hält sein Wort nicht, offensichtlich treibt er sein Spiel mit mir. Mein Freund, es wäre durchaus keine

große Sache gewesen, Sophia bei ihrem Abschied ein wenig Aufmerksamkeit zu schenken.
Dieser Abend treibt mich zum Wahnsinn. Wie nutzlos sind Worte in solchen Momenten. Mir ist, als zernagten Ratten mein Herz, oder es wütete eine Feuersbrunst in meinem Leib. Ich möchte alles zerschlagen, in die Nacht hinaus und draußen umherirren. Ich bin außerstande, den Wogen meines Wahns Einhalt zu gebieten. Auf dem Nagelbrett meiner Leidenschaften bin ich ganz Schmerz, ganz gleich, wie ich mich drehe und wende. Dann ist mir wieder wie in einem Kessel mit Öl, ich spüre das Sieden des Öls, fühle, wie mein Körper verbrennt. Warum laufe ich nicht davon? Ich warte, daß eine vage, sinnlose Hoffnung Wirklichkeit wird! Ach, wenn ich an diese roten Lippen denke, ein neuer Wahnsinnsschauer durchbebt mich! Und wenn es doch noch Hoffnung gibt? – Ich breche unwillkürlich in Gelächter aus und stelle mir immer wieder die Frage: »Ihn lieben?« Ich muß nur noch mehr lachen. Sophia kann sich nicht so verrennen, daß sie diesen Mann aus Singapur liebt. Wäre es möglich, daß ich Dinge, die für andere ohne jeden Nachteil sind, bloß deswegen nicht tun darf, weil ich mir meine Liebe nicht eingestehen kann?

Wenn er heute abend nun doch nicht kommt, wie kann ich da bereitwillig und leichten Herzens in die Westberge gehen?
Ach, es ist schon 21 Uhr 30!
Und nun 21 Uhr 40!

28. März, 3 Uhr morgens

Sophia verlangt in dieser Welt zu leidenschaftlich, zu inständig nach dem umfassenden Verständnis anderer, und so verstrickt sie sich immer mehr in die Bitternis der Enttäuschung. Wer außer ihr kennt die Menge der vergossenen Tränen?

Dieses Tagebuch ist weniger die Aufzeichnung einer Episode aus Sophias Leben als eine Sammlung von Tränen, die Tropfen für Tropfen auf ihrem Herzen ruhen. Das entspräche eher dem Sachverhalt. Aber dieses Tagebuch geht jetzt dem Ende zu, weil Sophia es nun nicht mehr nötig hat – die Tränen halfen ihrem Zorn ab und verschafften ihr Trost. Der Grund dafür liegt in der Sinnlosigkeit aller Dinge, und Tränen zu vergießen ist der tiefste Ausdruck dieser Sinnlosigkeit. Aber auf dieser letzten Seite des Tagebuchs sollte Sophia frohen Herzens feiern. Aus tiefster Enttäuschung hat sie plötzlich zu einer Zufriedenheit gefunden, die ihr unendliche Freude bedeutet. Aber wenn ich auch in dieser Zufriedenheit einen Triumph feiere, den Triumph der Einsamkeit, so wird mir nur noch klarer, wie sehr ich zu bemitleiden und zu belächeln bin. So verflüchtigt sich langsam die *Schönheit,* die mich in den letzten Monaten in

meinen Träumen gefangen gehalten hat – die Schönheit seiner hohen Erscheinung.
Wie soll ich die Psyche einer Frau erklären, die bis zum Wahnsinn auf den Körper eines Mannes fixiert ist? Natürlich kann ich ihn nicht lieben, das ist leicht zu erklären, denn hinter seinem hehren Äußeren verbirgt sich eine niederträchtige Seele. Aber ich bewundere ihn, denke an ihn, ja nur durch ihn hat mein Leben einen Sinn. Wie oft war ich von dem Wunsch besessen, es käme der Tag, an dem sich unsere Münder vereinigten, und es löste sich mein Körper in das irrsinnige Lachen meines Herzens auf. Tatsächlich war ich bereit, alles zu opfern, wenn mich dieser Galan nur zärtlich streicheln würde, nichts begehrte ich mehr, als die beiläufige Berührung irgendeines Teils meines Körpers durch seine Hand.
Nun müßte ich eigentlich wahnsinnig werden, denn meine Phantasie, meine Träume sind schließlich mühelos Wirklichkeit geworden. Aber empfand ich das rauschhafte Glück, das ich mir vorgestellt hatte? Nein!
Als er – Ling Jishi – abends um 10 Uhr kam, begann er, sich mir stockend zu erklären, er sagte, wie er sich nach mir sehne ... und mein Herz schlug heftig. Doch dann sah ich seine Augen, die vor Begehren loderten, und er-

schrak. Seine widerlichen Schwüre, die seine abscheulichen Gedanken nicht verleugnen können, riefen in mir meine Selbstachtung wieder wach! Manch andere Frau hätte dieser Flut platter und ebenso hohler wie ekelerregender Liebesbeteuerungen sicherlich mit Interesse zugehört und ihm ihre sogenannte Liebe geschenkt. Aber in meinem Fall haben seine Worte nur noch mehr Entfremdung hervorgerufen. Ach, du bedauernswerter Mann! Gott hat dir einen schönen Körper geschenkt, aber im Stillen sein Spiel mit dir getrieben und dir einen völlig unpassenden Geist gegeben. Glaubst du, was ich erhoffte, sei ›eine Familie‹? Was ich liebte, sei ›Geld‹? Worauf ich stolz wäre, sei ›eine soziale Stellung‹? Was für ein erbärmlicher Mann du doch bist! Über die Art, wie ihm das Schicksal mitgespielt hat, möchte ich wahrhaftig in Tränen ausbrechen, doch seine Augen, die mein Gesicht fixieren und vor Begierde brennen, jagen mir Angst ein. Ginge er nur auf die Befriedigung seiner fleischlichen Begierde aus, dann könnte er mit seiner Lüsternheit mein Herz zerstören, aber mit weinerlicher Stimme sagt er zu mir: »Sophia, glaub mir, ich werde dich nicht enttäuschen!« Ach, der arme Narr! Er hat immer noch nicht mitbekommen, daß ich gleichzeitig mit dem Mitleid auch Verachtung für sein Getue, seine Worte empfinde. Schließlich kann ich mich nicht mehr beherrschen und lache laut heraus. Ich erkläre ihm, seine Kenntnis der Liebe, ja selbst seine Liebe zu mir sei wohl nur ein Scherz! Verkünden nicht seine vor Begierde brennenden, funkelnden Augen, daß er nichts kennt außer gemeiner, niedriger Lust? »Mann, sei etwas klüger und gehe. Die Freudenhäuser passen besser zu deiner Art von Vergnügen.« Da ich ihn durchschaue, müßte ich so mit ihm reden und diesem Auswurf aller Geschöpfe zu verstehen geben, daß er zu verschwinden habe. Aber wiewohl ich ihn insgeheim verhöhne, vergesse ich alles in dem Augenblick, da er mich kühn und ohne zu überlegen in die Arme nimmt, ich verliere meine Selbstachtung, meinen Stolz und bin völlig betört von dem einzigen Gut, über das er verfügt: der Schönheit seines Körpers. Tief in meinem Herzen erfüllt mich nur ein Gedanke: ›Fester! Nimm mich noch mehr in deine Arme, morgen früh reise ich ab!‹ Verfügte ich in diesem Moment noch über etwas Selbstkontrolle, ich müßte an alles andere als an seine Schönheit denken und ihn wie einen Stein aus dem Zimmer werfen.

Ach, was sind Worte, was sind Gefühle im Vergleich zu meiner Reue? Er, Ling Jishi, dieser

Abschaum hat mich geküßt! Ich habe es schweigend erduldet! Was ging bloß in meinem Herzen vor, als dieses feuchte weiche Etwas mein Gesicht berührte? Im Gegensatz zu anderen Frauen bin ich nicht der Typ, ohnmächtig in die Arme eines Geliebten zu fallen. Mit großen Augen schaue ich ihn an und denke bei mir: ›Ich habe gesiegt! Ich habe gesiegt!‹ Nun, wo ich den Geschmack seines Kusses kenne und um die Kraft seiner Verführung weiß, beginne ich mich zu verachten. Ein tiefer Schmerz erwächst mir im Herzen, mit aller Macht weise ich ihn von mir und weine.

Meine Tränen bedeuten ihm wohl gar nichts. Er glaubt, die Sanftheit seiner Lippen habe mein Herz in einen Rauschzustand versetzt. So rückt er noch dichter an mich heran und fährt mit seinen Liebeserklärungen fort, die mir doch zutiefst zuwider sind.

›Es liegt mir fern, dich in deiner ganzen Jämmerlichkeit zu entlarven!‹ denke ich mitleidvoll bei mir.

»Rede nicht so einen Unsinn, vielleicht bin ich morgen schon tot!« sage ich zu ihm. Wer weiß, was in ihm bei diesen Worten vorgeht? Er versucht, mich abermals zu küssen, aber ich weiche zurück, so daß seine Lippen nur meine Hände berühren ...

Ich bin zu einem Entschluß gekommen, mein Kopf ist jetzt völlig klar. Ich will, daß er geht. Gekränkt klammert er sich an mir fest. ›Warum bist du nur so beschränkt?‹ denke ich. Erst um 0 Uhr 30 macht er sich auf den Weg.
Nun, da er fort ist, denke ich über das Geschehene nach. Mit all meiner Kraft schlage ich mir an die Brust. Warum ließ ich mich von einem Mann küssen, den ich so sehr verachte? Wie konnte ich zulassen, daß er mich umarmt, da ihm doch gar nicht meine Liebe, sondern mein Spott gehört? Ja, wie ist es nur möglich, daß mich galantes Auftreten allein so tief fallen läßt?
Kurz, ich habe mich selbst ruiniert. Des Menschen schlimmster Feind ist er selbst. Gott im Himmel, wie kann ich Rache nehmen und die Niederlage wieder wettmachen?
Glücklicherweise geht mein Leben in dieser Welt ausschließlich mich etwas an, bin ich auch noch so maßlos damit umgegangen. All das, was ich durchgemacht habe, hat mich in die tiefste Traurigkeit gestürzt, aber im Grunde ist auch dies von minderer Bedeutung.
Doch ich will nun nicht mehr in Peking bleiben und schon gar nicht in die Westberge gehen. Ich will mit der Bahn in den Süden fahren, an einen Ort, wo mich niemand kennt, und dort den

Rest meines Lebens verschwenden. So erwächst meinem Herzen aus dem Schmerz eine Begeisterung. In den Wahn meines Gelächters mischt sich das Mitleid mit mir selbst:
»So leb und stirb einsam und ungehört. Bedauernswerte Sophia.«

Wolfgang Kubin

Drei Besuche bei Ding Ling

17. Oktober 1983 in Peking

Kaum in Peking angekommen, schien die Hoffnung auf ein Interview mit Ding Ling zunichte. Es hieß, es gehe ihr gesundheitlich nicht gut – Brustkrebs; eine Brust war wohl bereits abgenommen. Die Möglichkeit eines Besuches kam daher überraschend. Angesetzt war ein Montagnachmittag, doch der Herbstregen und das daraus entstehende Problem, ein Taxi zu bekommen, hatten den für 15 Uhr vorgesehenen Besuch um zwei Stunden verzögert. Mit dabei waren Jin Jingsheng vom Institut für Musikforschung und He Bing vom Chinesischen Schriftstellerverband. Für Frau He schien alles Routine, dennoch schrieb sie während des etwa einstündigen Gespräches mit.
Ding Ling wohnt zusammen mit Chen Ming, ihrem Lebenspartner seit den 40er Jahren, in einem der neuerrichteten Hochhäuser im Gebiet Muxudi, d.i. die Verlängerung der Changandajie über den Xidan Richtung Osten. Sie erklärt unumwunden, daß sie dieses Hochhaus nicht mag, wo sie im neunten Stock wohnt, sie beklagt das Fehlen eines Gartens und die schlechte Luft. Der Weg zu ihr führt über einen Fahrstuhl, Eingang Nr. 5, und dann ist es Tür Nr. 18. Die Wohnung hat der Staat zur Verfü-

gung gestellt; und sie hat ein geräumiges Empfangszimmer, das mit seinem Sofa, den ausladenden Sesseln, künstlichen Blumen und dem Fernseher chinesischer Vorstellung von Gemütlichkeit entspricht.
Trotz ihres hohen Alters von 79 Jahren (sui) und ihres angegriffenen Gesundheitszustandes macht Ding Ling auf den Besucher einen geistvollen, lebenskräftigen und vitalen Eindruck. Von Statur klein, wirkt sie, besonders im Gesicht, etwas pummelig. Der Schrittzähler hilft ihr jeden Tag zwei- bis dreitausend Schritte tun.
Ein Interview ist nicht möglich. Sie wolle lieber zwanglos reden. Meine Fragen richte ich besser an ihre Bekannten, die ihr Werk untersucht oder Bücher über sie veröffentlicht hätten. Sie redet spontan, aus der Situation heraus, Fragen bedarf es da keiner. Mein Hinweis auf ihre Frage, ob ich des Chinesischen mächtig sei: ich hätte 1974/75 ein Jahr am Pekinger Sprachinstitut modernes Chinesisch gelernt, veranlaßt sie zu einer überraschenden Äußerung: »Da ist es dir ja viel besser ergangen als mir. Die Zeit damals war für mich nicht gut. Bis zur Kulturrevolution dagegen hatte ich relativ viel Freiheit. Die zwölf Jahre unter den Bauern in Beidahuang[1] habe ich mich sogar wohlgefühlt. All

meine Hoffnung, die Kraft meiner Hoffnung stammmt von den Bauern. Sie haben mich nach dem beurteilt, was ich für sie war, nicht nach dem, was ich angeblich als Rechte sein sollte.« Ding Ling schildert das Beispiel eines Bauern, der ein Foto mit ihr auch dann noch an der Wand hängen ließ, als er von den Vorwürfen gegen sie erfahren hatte. Für ihn habe ihre Verurteilung als Rechte keine Rolle gespielt. Erzählungen schreibe sie heute keine mehr, nur noch Essays (zawen). Sie könne Lu Xun gut verstehen. Erzählungen brauchen eine lange Zeit, Essays gehen schneller und lassen sich auch als Knüppel (gunzi) verwenden. Über ihr Frühwerk mag sie gar nicht reden. Chen Ming fällt bei der Erwähnung des Frühwerks förmlich in sich zusammen und wirkt vollkommen apathisch. Ganz plötzlich und überraschend beginnt Ding Ling sich gegen jenen Modernismus zu wenden, der wesentlich ihre ersten Erzählungen geprägt hat. Die Rede kommt auf die Schwierigkeiten, in denen gegenwärtig eine Reihe von Schriftstellern der jungen und mittleren Generation stecken. Wie aus einer anderen Welt wirkt plötzlich die Forderung, man müsse frei reden können.

31. Oktober 1983 in Peking

Liu Nianling, eine in den USA lebende Schriftstellerin chinesischer Sprache, hat Ding Ling eine Torte aus der Wangfujing, Pekings Haupteinkaufsstraße, mitgebracht, denn sie weiß, daß ihre Gastgeberin Süßes liebt. Ding Ling gesteht, von klein auf Süßes gemocht zu haben. Darum sei sie so fett, sagt sie lachend und streicht über ihren Bauch. Jeden Morgen esse sie Hongshu. Später soll dann die Hausangestellte, wohl eine der unzähligen in Pekinger Intellektuellen-Haushalten tätigen Bäuerinnen aus Anhui, eben dieses Gericht auf den Tisch stellen, einen Süßkartoffelbrei nach Sichuan-Art.

Wir sind nicht die einzigen Gäste, es sind bereits fünf Leute da, Spezialisten für das Werk sowohl von Ding Ling als auch von Mao Dun. Sie haben Ding Ling von Mei Yicis Studie[2] berichtet, die in China veröffentlicht werden solle, aber der erste Teil – er gilt dem Frühwerk! –, passe, so Ding Ling, nicht in die chinesische Vorstellungswelt, der müsse weggelassen werden.

Wieder kommen Ding Ling und Chen Ming auf das Thema Beidahuang. Die Mücken seien im Sommer besonders lästig gewesen. Sie hätten kein Moskitonetz gehabt, im Gegensatz zu den

Rebellen (zaofanpai), so habe sie sich nachts notdürftig mit ihrer Kleidung bedeckt. Mit ihrem verdeckten Gesicht, das nur den Augen, der Nase und dem Mund eine Öffnung ließ, habe sie wie ein Ku-Klux-Klan-Anhänger ausgesehen. Sie erwähnen den Kampf gegen den Wind und besonders gegen den Sand, der es kaum gestattet habe, die Augen offenzuhalten.
Ob ich die Franzosen möge. Sie habe von einer Taiwanesin ein Buch über Paris gelesen, da habe sie in diesem Jahr gar nicht mehr nach Frankreich fahren wollen. Deutsche empfinde sie als sehr schweigsam, Amerikaner als Menschen ohne Ideale und als zu chaotisch (zu viele Homosexuelle).
Auf die Frage, was der Unterschied zwischen der Literatur von Männern und der von Frauen sei, läuft sie lachend ins Nebenzimmer. Aber ihr Widerspruchsgeist blitzt auf, als Feng Xiaxiong, Sohn des Feng Xuefeng und Redakteur des Literaturmagazins »Dangdai«, über Yu Luojin herzieht und sie eine »heruntergekommene Frau« (duoluo nüren) nennt. Ob man einen Mann auch so nennen würde, will Ding Ling wissen. Ansonsten stimmt sie Feng zu, »Ein Wintermärchen« sei gut geschrieben, aber »Ein Frühlingsmärchen« nicht. Yu Luojin müsse nur von der Selbstdarstellung wegkommen, meint

Feng, dann habe sie bei ihrem Talent Zukunft. Als sei es eine Erleichterung, erwähnt auch er, daß sie wieder verheiratet sei, und zwar mit einem Verehrer ihrer Werke. Sie sei alles andere als charmant (bu keai), denn sie sei direkt (jinjie), mit männlicher Gestik lege sie ihren Mantel ab, ja, er habe das Gefühl, sie könne einen schlagen. Fen Xianxiong unterscheidet nicht zwischen der Wahrheit des Lebens und der Wahrheit der Literatur. Niemand in China könne das. Alles, was Yu Luojin schreibt, wird als »wahre Begebenheit« (zhenshi) angesehen. Diese Identifizierung von Autorin, Erzählerin, Heldin ist das Kennzeichen von Yao Wenyuans Kritik an Ding Ling und Sophia. Ein weiteres literaturkritisches Merkmal der Kulturrevolution gräbt der Spezialist von Zhang Jie (Verfasserin des Romans »Schwere Flügel«, deutsch 1984) aus: die Beurteilung von literarischen Werken nach der herrschenden Moral. Zhangs Erzählung »Man vergesse die Liebe nicht« sei unmoralisch, weil die Liebenden jeweils mit anderen Partnern verheiratet seien. Hier wird gar nicht ins Feld geführt, daß die Liebesbeziehung platonischer Art bleibt und daß sich die Liebenden somit jeglicher Erfüllung enthalten, auch wird nicht betrachtet, wie die bestehenden Ehen zustandegekommen sind und daß diesen Ehen die Liebe fehlt. In »Die Arche« (ebenfalls von Zhang) sei dem Holzfäller Unrecht geschehen; die Stellung eines Holzfällers in der Gesellschaft sei hoch, man dürfe so nicht über einen Mann schreiben, es sei auch nicht richtig, daß das Kind ohne Absprache mit ihm abgetrieben worden sei. Auf die Frage nach anderen Kriterien zur Beurteilung von Literatur meint er, er habe keine Kenntnisse von Erzähltechnik, und die Beurteilung aus moralischer Sicht halte er für gerechtfertigt, da Literatur den Boden der Moral nicht verlassen dürfe. Nur für Ding Ling ist klar, daß Autor und Erzähler getrennt werden müssen.

Guafu (»Witwe«) nennen während des Gesprächs die Männer Chinas geschiedene Schriftstellerinnen.

»Hast du gestern in der Pekinger Tageszeitung (Beijing ribao) Ding Lings Beitrag zur Unterstützung der Kampagne gegen geistige Verschmutzung gelesen«, will der amerikanische Sinologe Charles Wivell am nächsten Morgen von mir wissen. Gestern abend war Liu Nianling bei Tisch ausgelacht worden, als sie ihre Angst anläßlich der Kampagne zum Ausdruck gebracht hatte. Eine Stätte der Freien (ziyoupai) sei ihr Haus, hatte ihr Ding Ling zur Antwort gegeben.

14. April 1985 in Peking

Im letzten Jahr (November, Dezember 1984) hatte ich es vorgezogen, Ding Ling nicht aufzusuchen. Daß ich mein Adreßbuch in Shanghai verloren und somit ihre Telefonnummer nicht hatte, war nur ein Vorwand. Ich dachte, für sie muß jeder Besuch eine Strapaze sein. Doch in diesem Jahr meinte Zheng Meijun, eine Schülerin der Pekinger Germanistin Huang Wenhua, am Telefon, ich solle Ding Ling besuchen, sie sei bestimmt erfreut. So führte sie mich denn, eigentlich unnötig, da ich den Weg ja kannte, so wie im Herbst 1983 vom Yanjing Hotel hinüber ins Hochhaus von Muxidi. Zunächst schien Müdigkeit Ding Ling und Chen Ming aus den Augen zu schauen, eine Müdigkeit, die sie mit ihrer gerade abgeschlossenen Reise durch China erklärten. Sie waren u. a. in Guilin und Yan'an gewesen. Aber das Gespräch verlief dann alles andere als müde. Ding Ling schien von einer Geistigkeit, die jünger und kraftvoller wirkte als 1983. Viele Fragen brauche ich nicht zu stellen, sie redet von sich aus fast zwei Stunden, und nur ab und zu äußert sich Chen Ming, der uns mit Kaffee und Gebäck versorgt. Ding Ling, die von Chen Ming aus dem hinteren Teil der Wohnung geholt wird, strömt einen starken Geruch chinesischer Medizin aus, der mir aus chinesischen Apotheken wohlbekannt ist. Vom Reisen ist zunächst die Rede, von den Veränderungen in Yan'an, wo es die alten Stätten noch gebe, aber die Umgebung sei anders. Sie hebt besonders die Orte hervor, wo Mao Zedong seine Ansichten zur Kunst entwickelt hat. Später, als sie mir den sechsten Band ihrer Werke mit Widmung überreicht, entdecke ich dort ein Gruppenfoto, das sie zusammen mit Mao zeigt. Im Mai würde sie nach Australien gehen, aber danach mache sie keine Reisen mehr. Sie hätte nicht nach Berlin kommen mögen, sie möge keine Gruppenreisen, und auch die Möglichkeit, ein andermal nach Deutschland zu reisen, lehnt sie lachend ab, sie müsse nach ihrer Rückkehr aus Australien erst einmal ihre drei bereits begonnenen Werke beenden, nämlich »In finsterer Zeit«, »Gefangen bei der Guomingdang« und »Jahre in Beidahuang« (Arbeitstitel). Aber heute könne sie nicht mehr so mühelos wie früher (20/30er Jahre) schreiben, wo alles glatt von der Hand gegangen sei, heute bedürfe es der Zeit. Wenige Leute hätten sie in letzter Zeit empfangen, am allerwenigsten Verwandtschaft (laojia), meinte Chen Ming, aber ich sei ein alter Freund. Er erinnere sich noch an die erste Begegnung, wo er einen gesetzten, schnauzbärtigen deutschen Professor erwartet habe, nicht aber ein Bürschchen (xiao huozi) wie mich. Ding Ling spricht über das Schreiben. Heute gebe es kaum jemanden, der einen Roman (xiaoshuo) zu schreiben verstehe. Der Kenntnisstand sei zu niedrig, es gehe immer nur um die alten Dinge: Mann und Frau. Das liege an einem Mangel an Demokratie und Kritik in China (shao minzu shao piping). Vor 1949 habe man einander offen kritisiert und sich gesagt, was man von den Werken des anderen halte, da sei es ganz üblich gewesen, daß man Guo Moruo oder Mao Dun kritisch befragt habe, aber heute gebe es überhaupt keine Auseinandersetzung, die Schrifsteller lebten alle in festgefügten Rahmen (quanzi) und seien in Selbstgefangenschaft verstrickt – dabei kreuzt Ding Ling die Arme über die Brust und den Schultern und senkt den Kopf in die Arme hinein. Sie dagegen sehe sich frei, zwar nicht körperlich, aber geistig, sie habe ihr eigenes literarisches Magazin (zhongguo), nur sei seltsam, daß es immer noch Leute gebe, die rummäkeln müssen, daß sie von Bei Dao und Yu Luojin Werke abdrucke. Zu beschränkt sei das alles in China, man müsse weit denken, nicht so begrenzt. Sie sei ein wildes Pferd (yipi yema) fällt Chen Ming lachend ein, ja sie muß

wirklich immer noch ein wildes Pferd sein, das der Gestik Chen Mings zufolge mal hierhin, mal dahin eilt, denn sie nimmt kritisch Stellung zu dem, was heute in China Emanzipation (funü jiefang) genannt wird. Was heute in China ablaufe, habe den Namen jiefang/Emanzipation nicht verdient, heute regelten sich die Beziehungen von Mann und Frau nur auf der Basis des Geldes. Das sei zu ihrer Zeit anders gewesen, da sei man um der Liebe willen, selbst wenn das Zuhause reich war, ausgerissen, aber heute reiße niemand mehr aus.
Sie sei eine Linke, hatte es letztens noch geheißen, sie sei die einzige, die von sich immer noch behaupte, sie sei eine Kommunistin, und in China zu sagen, jemand sei Kommunist, bedeutet, er ist ein Linker. Nicht unerwartet, aber doch überraschend kommt daher für mich zu guter Letzt ihre Aussage, sie sei Kommunistin. Vielleicht hat sie ihre Stärke tatsächlich von den Bauern, die sie bei den ersten beiden Begegnungen immer wieder erwähnt hat, und auch diesmal redet sie von ihnen. Eine Konferenz über sie müsse *bei ihnen* stattfinden, hätten die Bauern in Beidahuang spontan geäußert, als sie von dem Plan eines Symposiums erfahren hätten[3].
Zwei Stunden Reden. Ob ich nicht vollgequatscht worden sei (yiyantang), will Chen

Ming wissen. Er weiß noch nicht, daß mein Schweigen Hören ist, kein Mangel des Chinesischen, wie er argwöhnt, eine Angst, die auch Zhang Xinxin an diesem Morgen bekundet hatte, und früher in Shanghai Wang Anyi. Zwei Stunden Hören also, und zu guter Letzt zum wiederholten Male der unausbleibliche Hinweis, Franzosen seien lebhaft, Deutsche nicht. Also schwinge ich mich auf mein lebloses Fahrrad in Richtung Duftende Berge.

Anmerkungen

1 Zum Leben in Beidahuang, der »Großen Einöde« im Norden der Provinz Heilongjiang an der Grenze zur Sowjetunion, s. Jonathan D. Spence: *Das Tor des himmlischen Friedens.* Die Chinesen und ihre Revolution 1895-1980, München: Beck 1985, S. 355 f.

2 Yici Mei Feuerwerker: *Ding Ling's Fiction.* Ideology Narrative in Modern Chinese Literature, Cambridge, Mass., London: Harvard University Press 1982.

3 *Beidahuang banhua. Woodcuts of the Great Northern Wilderness,* o. O. 1980 (Heilongjiang sheng guoying nongchang zongju, The General Bureau of Heilongjiang State Farm).